Cosmética Natural

Sally Chitwood

Cosmética Natural

Tradução e Adaptação
Magno Dadonas

EDITORA AQUARIANA

© Copyright 2002, Editora Aquariana, 5ª edição
1ª edição - 1983, Editora Ground Ltda, SP

Título original: The Natural Way to Beauty

Revisão: Jefferson Donizete de Oliveira
Editoração Eletrônica: Ediart
Capa: Niky Venâncio

CIP - BRASIL - Catalogação na Fonte
Sindicato Nacional dos Editores de Livros, RJ

Chitwwod, Sally
    Cosmética Natural / Sally Chitwood ; tradução e adaptação de Magno Dadonas. - [5.ed]. - São Paulo : Aquariana, 2002

Tradução de: The Natural Way to Beauty
ISBN 85-7217-077-4

1. Cosméticos. 2. Beleza física - Tratamento.
I. Dadonas, Magno. II. Título

02-1871   CDD 646.726
                                     CDU 646.7

Direitos Reservados à
Editora Aquariana Ltda.
Rua Lacedemônia, 68 - Vila Alexandria
Cep: 04634-020 - São Paulo / SP
Tel.: (0xx11) 5031-1500 / Fax: (0xx11) 5031-3462
www.ground.com.br - aquariana@ground.com.br

Sumário

Prefácio, 9

OS MISTÉRIOS DE NOSSA PELE, 13

COSMÉTICOS: COMPRAR OU FAZER?, 17
    Preparar é a melhor solução, 20
    A escolha das matérias-primas, 21

ALIMENTOS E PLANTAS QUE EMBELEZAM, 23

COMO ABASTECER SEU TOUCADOR, 73
    A conservação das ervas, 74
    Os ingredientes específicos, 76
    Os segredos do preparo, 77

O CORPO COMO UM TODO, 81
    Em busca do equilíbrio, 81
    Viagens que transtornam, 82
    Alimentação nas viagens, 83
    Clima é frio: o que fazer?, 84
    Gordura não embeleza, 85
    Comportamento, 88
    Um alimento gratuito: o ar, 89
    Um tratamento barato: com água, 90
    Em busca do frescor sonhado, 94

Sempre bela no trabalho, 95
Aquele sono restaurador, 97
Aquele bronzeado encantador, 99
Massagens, o estímulo indispensável, 101

Os Cabelos, 107

Cabelos secos, 107
Cabelos oleosos, 111
Caspa, 115
Cabelos danificados, 117
Queda dos cabelos, 119
Cabelos grisalhos, 121
Cabelos escuros, 124
Cabelos claros, 127
Restauradores capilares, 130
Xampus: como usá-los, 131
Alternativas para a lavagem, 132
Tônicos capilares, 135
Uma loção anti-séptica, 136
Fixadores, 137
Alisadores, 138
Penteados, 139
Conselhos finais, 140

O Rosto e o Pescoço, 141

Pele suja, pele desvitalizada, 141
Limpeza da pele, 142
Cremes nutritivos, 145
Tônicos cutâneos, 147
Loções faciais, 151
Umectantes e anti-rugas, 156
Imperfeições da pele, 164

Os Olhos, 173

A Boca, 179
    A cavidade bucal, 179
    Os dentes, 181
    Os lábios, 183

O Nariz, 187

As Mãos, 189
    As unhas, 192

As Pernas e os Pés, 197
    Pêlos supérfluos, 197
    Peles ásperas, 198
    Os calçados, 198
    Pés e tornozelos, 199
    Calos e frieiras, 200

Os Pontos Críticos, 203
    Axilas e púbis, 203
    O pescoço, 205
    Os cotovelos, 206
    Os joelhos, 206
    Os tornozelos, 207

Fragrâncias para Cada Ocasião, 209

E para os Homens, Nada?, 215
    A calvície, 216
    A pele do rosto, 217
    Outras áreas, 218

Prefácio

Se é verdade que a saúde e a beleza de nossa pele dependem de um bom funcionamento do organismo, não é menos verdade que se pode ter uma saúde ótima e no entanto sofrer de distúrbios causados por agentes externos como o excesso de frio ou calor, o tempo muito úmido ou muito seco, as bactérias e fungos, a fuligem e outras formas de poluição.

Aí é que entra a cosmética natural, que recorre a alguns alimentos que fazem parte de nossa refeições diárias, facilmente transformados em produtos de toucador, e que ensina que a grande maioria dos produtos comerciais contribui menos para restaurar ou preservar a pele do que para disfarçar suas imperfeições.

Em contrapartida, nenhum tipo de cosmético operará o milagre de nos dar a beleza e perfeição de pele sonhadas se agredimos nosso organismo com uma alimentação tóxica ou se minamos suas resistências com a ingestão insuficiente de vitaminas e proteínas, ou com o abuso do álcool e do fumo.

Ninguém ignora que cada cigarro fumado reduz nossas reservas de vitaminas, da mesma forma que cada copo de bebida alcoólica ingerido é um ataque às nossas disponibilidades do complexo vitamínico B. E, naturalmente, o empobrecimento do organismo implica a deterioração da pele, o que nos leva a reforçar a dieta; e é nessas ocasiões que concluímos como é difícil abandonar aqueles dois vícios.

Mas é preciso levar em conta outros fatores para demonstrarmos à nossa epiderme todo o carinho que ela merece: o maior consumo de sucos e de água pura, um sono reparador, a eliminação de tensões e preocupações, os exercícios moderados e a abolição dos tecidos sintéticos, que impedem a boa transpiração e irritam a pele, causando o bloqueio dos poros.

Adotando essas medidas salutares, você estará pronta para entrar nas questões práticas da cosmética natural: após eliminar a agressão interna ao organismo, comece por suprimir as agressões externas com o auxílio de cremes, loções, xampus, máscaras, removedores de impurezas da pele e outros preparados de fórmulas simples, cujos ingredientes se acham bem à mão, ali na despensa e na geladeira, ou nos estabelecimentos comerciais especializados.

Para tanto é que colocamos este livro à sua disposição, adotando como critérios a disponibilidade e simplicidade dos ingredientes e a facilidade de seu preparo e de sua aplicação com base nas divisões anatômicas de nosso corpo, depois de abordá-lo em sua forma global.

Aqui você encontrará instruções sobre a conservação e preparo de folhas, raízes e flores que entram nos produtos de toucador, com dados sucintos sobre sua aplicações específicas ou amplas, conforme o caso.

Quem quiser reduzir o peso, aqui encontrará duas fórmulas de chá para tomar e uma para banhos. Esbeltas ou não, terão, além disso, cinco fórmulas para enriquecimento da água do banho e três de óleos para banhos de sol.

Para os cabelos, conforme seu tipo, cor ou densidade, incluímos cinqüenta fórmulas. Para a pele (as peles, melhor dizendo) do corpo, rosto e pescoço, as fórmulas são setenta e três, aí entrando as máscaras específicas contra rugas, os removedores de cravos e espinhas, os alvejantes de sardas e as aplicações que evitam o aparecimento de rugas precoces ou atenuam as que já se anunciam.

A área dos olhos mereceu igual carinho de nossa parte, quer se trate de rugas precoces (os pés-de-galinha), da ocorrência de olheiras ou de manchas no globo ocular, ou da tendência à queda dos cílios ou das sobrancelhas: são dez fórmulas, além de exercícios contra a formação de rugas indesejáveis.

Para a boca (incluindo o hálito puro, a higiene, os dentes, a proteção e coloração dos lábios), selecionamos quatorze fórmulas. Quanto ao nariz, essa área tão sensível, explicamos como reduzir sua oleosidade e vermelhidão.

As mãos mereceram seis fórmulas, e as unhas, cinco. As pernas (sem deixar de lado os pêlos) tiveram uma abordagem ampla, com sugestões bem precisas que reaproveitam as fórmulas destinadas a outras partes do corpo. E os pés mereceram também o tratamento devido, com seis fórmulas que cuidam ora do inchaço, ora da transpiração e mau cheiro, do cansaço e das frieiras.

E os pontos críticos – pescoço, cotovelos, joelhos e tornozelos? Ásperos e inchados, secos e com o aspecto de lixa, não seria possível esquecê-los. Dispensamos-lhes por isso toda a atenção, com conselhos específicos e sugestões para o reaproveitamento de fórmulas destinadas a outras áreas, para sua harmonização com o restante do corpo.

Embora seja vasto o número de fórmulas ao longo de todo o livro, cuidamos de consagrar espaço próprio para a elaboração de bolsinhas de ervas (sachês), perfumadores de ambiente, águas-de-colônia, águas de alfazema e bolinhas aromáticas.

Finalmente, como a perfeição e beleza da pele não constituem preocupação apenas das mulheres, dedicamos um capítulo aos homens com a abordagem de dois pontos mais problemáticos: a tendência à calvície e a agressão constante do rosto pela lâmina ou barbeador, além dos dramas comuns aos dois sexos.

Cremos haver cumprido assim uma tarefa útil e contribuído para o bem-estar, a saúde, longevidade e beleza de quantos – homens e mulheres – adotam também a cosmética de preparados simples e eficazes, nesse retorno cada vez maior aos encantos e benefícios das coisas naturais.

Os Misteŕios de Nossa Pele

Falar de cosméticos – os naturais principalmente – e dos benefícios por eles propiciados sem maiores explicações seria o mesmo que mencionar um milagre ocultando, todavia, a forma como ele se operou.

Comecemos por dizer que a pele não é apenas o revestimento que protege o corpo, que ela não é formada apenas por uma camada, mas varia em cada área do corpo, em termos de estrutura e, obviamente, de tipo.

Proteger os tecidos situados logo abaixo dela, manter o equilíbrio da temperatura orgânica, eliminar as toxinas e servir como elemento de alerta para disfunções profundas: eis as funções da pele, que tem influência sobre nossa saúde e nossa vida social e sexual.

Nossa pele se compõe de quatro camadas, que estão em constante renovação por meio do processo de multiplicação e morte das células. A camada externa, ou epiderme, é a que mais reflete as mudanças profundas que ocorrem nas outras camadas, podendo por esse motivo apresentar um aspecto esfarinhado, ressecado, com trincamentos, aspereza ou oleosidade, além de manchas claras ou escuras (conforme as condições da luz).

Portanto, para que todas as camadas funcionem bem, precisamos cuidar com carinho da epiderme, por meio de fricções para eliminar as células mortas e evitar a dilatação dos poros, os maus odores causados pelo tecido decomposto e, naturalmente, a aparência de envelhecimento precoce.

A epiderme bloqueada impede a respiração da pele, sendo portanto indispensável remover constantemente as células velhas, prática que nos dá a sensação de rejuvenescimento – uma sensação verdadeira, por sinal.

Garantir a respiração da pele, desobstruir os canais de comunicação entre as camadas profundas e a epiderme: eis as funções que desempenham as fricções, as aplicações de cosméticos e os banhos.

Mas, como dissemos, não existe uma pele, e sim várias, mesmo quando empregamos essa palavra para nos referir à epiderme. Todos sabem que as peles se dividem em "normais", "secas" e "oleosas". Isso não significa que cada pessoa tenha um tipo específico de pele, mas que cada área possui um determinado tipo de pele. Desse modo, dois ou três tipos podem coexistir no corpo como um todo, apresentando características mais definidas apenas numa ou noutra área.

A partir dessa constatação, é preciso definir se você tem pele normal, oleosa ou seca, em cada área específica. E como o rosto é a parte que recebe maior atenção, sugerimos fazer o seguinte teste, para verificar se a pele é oleosa:

Ao se levantar, lave o rosto com água quente e, a seguir, com água fria. Enxugue sem friccionar, pois a fricção ativa o funcionamento das glândulas sebáceas. Aguarde uma hora e, sem esfregá-lo, aplique à pele um tecido de algodão, branco e bem seco. Daí a alguns segundos, retire o tecido e examine-o atentamente. Aderida às fibras de algodão, você irá notar uma leve camada gordurosa. Caso ela não apareça, sua pele é seca. Nesse caso, não se alegre: é preferível uma pele meio oleosa a uma totalmente seca. Já a pele normal transferirá uma porção mínima de oleosidade para o tecido. Felicite-se por isso.

Mas há outro aspecto de grande importância a considerar nessa delicada questão do tratamento de beleza: o fator pH (potencial de hidrogênio) da pele, que se refere ao seu equilíbrio ácido-alcalino. Quanto menor o pH, mais ácida a epiderme, e vice-versa. O ideal é um índice de acidez que fique entre 5,2 e 6. Nessa faixa, o revestimento ácido é eficaz, protegendo o corpo contra a invasão de bactérias. Acima de 6, a pele é alcalina, o que prejudica sua proteção contra as bactérias.

Por fim – e isso não é menos importante –, a pele funciona não apenas como porta-voz dos distúrbios do organismo, mas também como denunciador de suas idiossincrasias. A manifestação de repúdio a alguns alimentos ou a simples agentes externos se dá por meio de alergias.

A alergia é, por definição, a sensibilidade excessiva a certas substâncias e agentes físicos. Suas conseqüências, entre outras, são a urticária, a enxaqueca e certo tipo de asma. Detenhamo-nos na urticária, pelo efeito devastador que ela exerce sobre a beleza feminina e que implica a contra-indicação dos cosméticos industrializados. Trata-se de erupção cutânea pruriginosa, caracterizada pela presença de placas congestionadas mais ou menos salientes.

Na verdade, a alergia é uma forma de proteção do organismo. Proteção um tanto cega, convenhamos, pois dois organismos reagem de modo diverso a um determinado agente físico. Cada pessoa é um ser específico. Há pessoas que têm alergia a morangos. Todavia, pelo menos num ponto existe certa unanimidade: a alergia a determinadas substâncias que entram na composição de cosméticos industrializados.

Isso praticamente não acontece com os cosméticos de origem natural, e é também importante lembrar que é desnecessário o emprego de perfumes nos cremes que se aplicam ao corpo. De um modo geral, os perfumes industrializados, além de irritar a pele e provocar reações alérgicas, podem escurecer a pele de modo nada uniforme, dando origem a manchas antiestéticas.

Mas esses são apenas alguns mistérios que voltaremos a abordar nos capítulos sobre cada área específica do corpo.

Cosméticos: comprar ou fazer?

Cabelos sedosos, pele alva, dentes de marfim, unhas sadias, figura esbelta, sem rugas ou manchas: eis o ideal de beleza feminina que os fabricantes de cosméticos, sempre em busca de lucro, tentam "vender" há séculos as mulheres. Falam das maravilhas da química aliadas a este ou àquele ingrediente natural para darem maior confiabilidade aos seus produtos, cuja função principal, em análise, não é tonificar ou revitalizar a epiderme, e sim disfarçar suas imperfeições.

A verdade é que não existem milagres nesse campo, embora os laboratórios procurem ignorar esta evidência: a de que a beleza sempre existiu, à margem das "excelências" da química, num tempo em que se empregavam loções extraídas de flores e ungüentos simples à base de vegetais, frutas e ervas – tudo isso aliado a hábitos saudáveis como a vida ao ar livre, a boa dieta e o sono reparador.

Uma das conseqüências do afastamento progressivo do homem da natureza, que de uma forma ou de outra acaba sempre por se vingar daqueles que a menosprezam, foi que o organismo deixou de ter um funcionamento adequado, resultado denunciado pelos problemas de pele. E, como um mal leva a outros, a busca da restauração de sua beleza levou cada vez mais as mulheres – e os homens também – a recorrer aos produtos de laboratório, que dão apenas aquela aparência macia e perfumada, sem operarem os prodígios dos ingredientes naturais.

Mesmo os mais caros cosméticos comerciais contêm ingredientes nocivos. Mas os meios de comunicação de massa apresentam-nos como produtos maravilhosos e irresistíveis. O que importa, para eles – e para os consumidores desavisados –, são os benefícios imediatos: o lucro para uns e a atuação eficaz para o comprador e usuário. Se um creme produz os resultados anunciados, a mulher – ou o homem –, pouco interessada em se aprofundar no assunto, não se preocupa com os efeitos nocivos que o produto poderá acarretar a médio ou longo prazo.

A desinformação é um círculo vicioso, cujas conseqüências são bem previsíveis. Se o consumidor não estivesse interessado apenas nos efeitos imediatos, procuraria conhecer todos os ingrediente contidos em cada produto de beleza e também aprofundar-se nos efeitos de sua atuação sobre a pele ou os cabelos. Os laboratórios se veriam, mais cedo ou mais tarde, obrigados a incluir na bula de cada creme ou loção os nomes de todos os seus componentes para que se pudesse saber, no mínimo, se eles causam alergias. Claro que ainda assim haveria uma margem de erro, pois praticamente todas as substâncias podem causar reações alérgicas, e o diagnóstico de uma alergia vai depender exclusivamente das reações individuais a cada produto – o que também se aplica à cosmética natural. Mesmo assim, ficaria sem resposta a questão dos ingredientes que, mesmo não causando alergia, agridem o tecido epidérmico.

Respondendo portanto à pergunta deste capítulo, diremos que não restam dúvidas: empregar produtos de beleza feitos à base de ingredientes simples é a única garantia contra alergias e outros problemas de pele.

Temos duas alternativas: comprar cosméticos de um laboratório especializado no emprego de componentes naturais ou prepará-los nós mesmo, com paciência e carinho. A existência desse tipo de laboratório também no Brasil significou um grande progresso, pois foram colocados no mercado produtos para prevenir o envelhecimento, cremes nutri-regeneradores (à base de óleo de tartaruga), máscaras de creme de abacate, loções de limpeza, emulsões rejuvenescedoras, cremes à base de algas marinhas, xampus anticaspa e contra a queda de cabelos, entre outros.

Mais do que os cosméticos convencionais, tais produtos teriam de fato todos ingrediente de efeitos vantajosos mencionados nas bulas? Apenas o tempo pode nos trazer a resposta a essa indagação, mas eis aí um aprendizado caro, quando não perigoso, de efeitos talvez irreversíveis, isso sem mencionar o problema das alergias, que só a experimentação consciente pode solucionar.

Basta citar o caso da glicerina para exemplificar o cuidado que devemos tomar com produtos de beleza, ainda que sejam naturais e tenham propriedades terapêuticas.

Em doses maciças, a glicerina é tóxica, segundo afirmou o nutricionista e esteticista britânico Charles Perry. Além disso, a glicerina que entra na composição dos cosméticos pode provocar rachaduras na pele. Embora se saiba que a médio prazo ela irrita e resseca apele, esse ingrediente vem sendo muito utilizado nos artigos de toucador por causa de seus enganosos benefícios.

Vejamos como ela funciona: misturada com água ou outro líquido propício, a glicerina umedece a pele ao ser aplicada todavia, não atua como umectante, pois a função deste é atrair a umidade do ar. Antes de tudo, a glicerina atrai a umidade existente nas camadas profundas da própria pele. E como absorve a água já existente nos tecidos, induz o corpo ao estado de dependência.

Os resultados, a curto prazo, de um produto que contenha glicerina são a aparência de elasticidade e a maciez. Basta, contudo, interromper as aplicações para que a pele se resseque e passe a apresentar trincamentos ou rachaduras. Portanto, qualquer cosmético que contenha muita glicerina deve entrar para o rol dos produtos condenáveis, por melhores que sejam os demais ingredientes naturais.

Preparar é a melhor solução

Eis portanto a melhor justificativa para fazermos nossos próprios artigos de toucador: a possibilidade de escolha e seleção, os meios de controle rigoroso de cada ingrediente, o emprego de uma fórmula mais precisa, e, aliado a tudo isso, o fato de podermos conservar a maioria das matérias-primas, para ter sempre à mão um preparado fresco, sem a necessidade de conservantes.

O primeiro problema a enfrentar é a constatação de que os cosméticos feitos em casa com alimentos e plantas se deterioram com a mesma rapidez de um prato caseiro. Da mesma forma que nossas refeições naturais precisam ser consumidas dentro de um determinado prazo, os artigos de toucador também não duram muito, pela falta de conservantes. Eis um mal que, em última análise, é um grande bem.

Um creme facial é feito à base de morangos não dura vinte e quatro horas; porém, conservado na geladeira, esse creme terá maior durabilidade.

Mas nem tudo se deteriora com tanta rapidez. As misturas de lanolina, os vinagres e os óleos duram mais. Isso não quer dizer que se deva abusar de sua estabilidade. O ideal é considerar um cosmético natural uma espécie de alimento e, portanto, não deixar que ele envelheça. O melhor é preparar apenas a porção necessária para cada dia. Existem exceções, claro, mas essas não invalidam a regra geral.

A escolha das matérias-primas

Infelizmente, nem sempre absorvemos de nossas mães e avós os conhecimentos básicos que lhes eram de tanta valia na escolha e preparo de produtos de beleza. Elas sabiam, por meio da experimentação, que espécies de erva, frutas e flores possuem a capacidade de amaciar, restaurar, conservar ou rejuvenescer a pele.

Já é hora, portanto, de recuperar o tempo e os conhecimentos perdidos, recorrendo à natureza: isso trará com certeza benefícios à saúde e à economia doméstica, sem maiores esforços, pois muitas das matérias-primas de que precisamos, como o iogurte, o azeite de oliva, os vegetais e as frutas, são bastante acessíveis. Quanto a outros ingredientes, como água de rosas, caolim, hamamélis, alecrim, etc., pode-se encontrá-los num bom estabelecimento especializado – ou colhê-los num passeio pelo campo.

Mesmo que você opte por cosméticos naturais, convém lembra de que se pode ser alérgico a quase tudo, e que o ensaio e erro é a única forma de se chegar aos acertos. Há pessoas alérgicas a certas ervas, a esta ou aquela fruta, a uma ou outra hortaliça, ou até mesmo ao um teor de ácido cítrico acima da média. Mas como outras substâncias também podem causar reações incômodas, adote o critério da exclusão à medida que for experimentando esta ou aquela receita, a fim de encontrar a que melhor se adapte ao seu tipo de organismo.

Outro conselho importante: não gastar dinheiro com alimentos caros, cultivados fora da estação. Não convém ser avaro nem perdulário nesses casos: o correto é adquirir produtos disponíveis dentro de cada estação, a preços razoáveis, deixando para o trimestre seguinte a satisfação do gosto por esta ou aquela hortaliça ou fruta. Quanto ao mais, não há maiores dificuldades, pois as ervas aromáticas são em geral perenes, e alguns alimentos que entram no preparo de cosméticos fazem também parte da alimentação diária, como o óleo e os ovos.

A propósito, alguns naturalistas afirmam que a ingestão de certas matérias-primas empregadas em artigos de toucador traz benefícios maiores do que os obtidos com seu uso externo. Pode-se dizer, portanto, que as frutas e as hortaliças frescas, os cereais integrais – inclusive a aveia – e seus subprodutos são bons para a pele, de uma forma ou de outra.

O caso do limão é típico: ele é benefício, interna e externamente, por ter muita vitamina C, cujos dons para clarear a pele e conferir-lhe saúde são irrefutáveis. Outros alimentos atuam como adstringentes, ingeridos ou aplicados na epiderme; e o iogurte combate as bactérias nocivas – tanto as alojadas no trato intestinal quanto as que proliferam na pele.

Portanto, a escolha dos ingredientes não é um quebra-cabeça. O mais difícil talvez seja alterar a rotina exigida por esse tipo de tratamento de beleza e assumir uma nova postura, em face dos materiais disponíveis – aí se incluindo o equipamento necessário, do qual falaremos noutro capítulo. Para tanto contribuem a engenhosidade, o talento para a inovação e o gosto de adotar uma nova atitude para com seu corpo, que você passará a encarar como um todo harmônico resultante do carinho que dedica a cada parte dele – interna e externamente.

Alimentos e Plantas que Embelezam

O aspecto saudável de uma pele limpa, sedosa e macia resulta do funcionamento equilibrado de todo o organismo. A má digestão, o excesso de acidez, o acúmulo de toxinas e as doenças são males que, de uma forma ou de outra, se refletem na superfície cutânea.

Em contrapartida, agentes externos, bactérias, excesso de calor ou de frio, clima muito seco ou muito úmido, são fatores que comprometem a beleza, mesmo que o organismo funcione a contento. É aí que se enquadra a importância de tantos alimentos e plantas, que têm aplicações internas e externas ou simultâneas, em grande parte dos casos.

Eis os produtos que contribuem para a beleza, empregados externamente:

Nutritivo e amaciante: germe de trigo.
Adstringente, refrescante, estimulante e germicida: hamamélis.
Clareador: iogurte.
Lubrificantes: sementes e óleos insaturados de vegetais.
Rejuvenescedor que contém enzimas: abacaxi.
Adstringente, amaciante e cicatrizante: tanchagem.
Estimulante, depurativo, germicida e corante: alecrim.
Revigorante, adstringente, depurativo e corante: salva.
Amaciante, clareador e nutritivo: morango.

Estimulante, depurativo e clareador: tomate.
Refrescante, clareador, adstringente, estimulante da acidez: limão.
Nutritivo, depurativo e amaciante: leite.
Refrescante, depurativo e nutritivo: aveia.
Enrijecedor e nutritivo: ovo.
Clareador e amaciante: folhas de sabugueiro.
Nutritivo e depurativo: uva.
Nutritivo, cicatrizante e amaciante: mel.
Tonificante, refrescante e depurativo: pepino.
Depurativo: fubá.
Emoliente: manteiga de cacau.
Cicatrizante e depurativo: bardana.
Nutritivo, enrijecedor, depurativo e estimulante: levedura de cerveja.
Depurativo e amaciante: amêndoa.
Anti-séptico e estimulante: benjoim.
Adstringente: folhas de amora-preta.
Amaciante e nutritivo: farelo de cereais.

A seguir, relacionamos o emprego específico desses produtos em máscaras e cremes faciais, preparados para lavar ou tingir cabelos, remover a maquilagem ou bronzear a pele:

Cremes faciais para pele áspera, oleosa ou sem viço: iogurte.
Loções adstringentes: hamamélis.
Máscaras faciais para pele seca ou áspera; banho estimulante: germe de trigo.
Cremes faciais para pele seca ou queimaduras de sol; banho estimulante; para friccionar a pele ressecada: óleos vegetais insaturados.
Máscaras faciais para epiderme áspera: abacaxi.
Banhos enriquecidos: tanchagem.
Lavagens internas, banhos enriquecidos e loções adstringentes: salva.

Máscaras e loções faciais: morango.

Máscaras faciais para pele áspera, escura ou oleosa: tomate.

Removedores de impurezas e de rugas; banhos enriquecidos: aveia.

Vapores para tratamento facial; lavagens internas; banhos enriquecidos; refrescante da pele no verão: hortelã-pimenta.

Removedor de maquilagem e de impurezas do rosto; cremes para mãos secas; banhos enriquecidos; loções fixadoras: leite.

Restauradores da película ácida da pele; dentifrícios; preparados para limpar as mãos, enxagüar ou clarear os cabelos e loções faciais para pele oleosa: limão.

Loções capilares, pomadas para os lábios, preparados para cotovelos ou pernas ressecados: mel.

Depurativos de peles secas ou oleosas: uva.

Loções para peles sensíveis, ásperas ou envelhecidas: sabugueiro.

Tonificantes e cremes nutritivos cutâneos; eliminadores de rugas; xampus anticaspa ou para cabelos secos; loções capilares: ovo.

Loções para pele oleosa; tonificante de pele cansada, loções e máscaras para tratamento geral: pepino.

Preparados para friccionar a pele áspera; banhos enriquecidos: fubá.

Vapores faciais para manchas da pele: bardana.

Preparados anti-rugas e máscaras faciais para pele pálida, cansada ou oleosa: levedura de cerveja.

Cremes depurativos da pele da face e das mãos; banhos enriquecidos: farelo de cereais.

Banhos enriquecidos; loções para tecido cutâneo cansado: folhas de amora-preta.

Sachês; loções tonificantes; fixação de perfumes: benjoim.

Banhos enriquecidos; fricções em joelhos ressecados; xampus secos; removedores de cravos; loções faciais e preparados para limpar a pele: amêndoa.

Passemos agora à descrição das dezenas e dezenas de alimentos e plantas medicinais, para avaliarmos em detalhes a importância de seu emprego, sozinhos ou em conjunto.

A

Abacate

Fruto cuja polpa verde-limão tem uma textura semelhante à da manteiga, o abacate é rico em gorduras e vitaminas. É, por esse motivo, maravilhoso como alimento para a pele e como restaurador das reservas oleosas que perdemos por meio de lavagens muito freqüentes. Empregue seu óleo ou simplesmente sua polpa esmagada como removedor de impurezas da pele.

Abacaxi

Uma enzima especial existente no mamão e no figo, importante para o processo de digestão das proteínas, é semelhante à que se encontra no abacaxi fresco. Por esse motivo, o abacaxi fresco, em suco ou fatias finas, ajuda a amaciar a pele por meio de aplicações tópicas.

Açafroa ou açafrão-bastardo

O óleo extraído da açafroa é o melhor óleo insaturado, para uso interno. E, como os óleos vegetais penetram ligeiramente na pele, ele é também excelente nas aplicações externas, pois é emoliente e torna a superfície cutânea mais macia.

Agrião

Como salada ou tempero, o agrião é uma hortaliça folhosa de ótimas propriedades medicinais que deve ser incluída em nossa refeição diária junto com outros vegetais crus. Pode-se também espremê-lo misturado com outras hortaliças e obter um suco muito nutritivo, pois o agrião é rico em sais minerais, vitamina C e algumas das vitaminas do complexo B. O agrião é um depurativo intestinal muito potente. Aconselha-se, portanto, misturar seu suco ao de salsão ou de cenoura.

Água

Como esquecer que grande parte de nossos tecidos orgânicos se compõe de água? Ela é ótima para o controle das manchas da pele e um auxílio notável para a eliminação de toxinas de nosso corpo. Ao perceber os sintomas de gripe ou de um simples resfriado, tome pelo menos um litro de água. Melhor ainda é utilizá-la num suave chá de hortelã-pimenta.

Aipo (ou salsão)

Muitos povos asiáticos dão grande importância ao aipo, considerando-o um tônico e uma hortaliça de características medicinais. O aipo nunca deveria faltar em nossa mesa, pois ele reforça e acalma ao mesmo tempo o nosso sistema nervoso.

Alcachofra

É muito empregada em mascaras para a face e pescoço, dado seu grande teor vitamínico quando incorporada a outros ingredientes.

Alecrim

Além de ser um bom aromatizante de alimentos, o alecrim tem muitas aplicações de efeitos notáveis nos cosméticos naturais. Aconselha-se sua aplicação nos cabelos, rosto e corpo.

Alface

Eis outra hortaliça que deve estar sempre presente em nossa dieta, pois ela contém importantes sais minerais e vitaminas. Possui, entre outros, sais de enxofre, de silício e de fósforo, vitais para a saúde dos cabelos e do tecido cutânco. O suco de alface, misturado aos de espinafre e cenoura, contribui para estimular o crescimento dos cabelos.

A alface já foi empregada para propiciar um sono reparador e controlar os acessos de histeria. Aconselha-se o consumo regular da alface, principalmente quando seu suco é adicionado a uma bebida quente que contenha mel, para obter uma boa noite de sono. Mas não é só; ela é também uma hortaliça benéfica quando adicionada a algumas fórmulas de preparados faciais.

Alfafa

A alfafa admite aplicações externas, mas os dietistas dão muita ênfase ao seu consumo, pois ela atua como um importante "cosmético" ao ser absorvida pelo trato digestivo. Suco de brotos de alfafa misturado com suco de alface ou cenoura é também um depurativo que aumenta a resistência do organismo às doenças. Alguns nutricionistas afirmam que esse vegetal melhora o funcionamento do organismo e contribui para a manutenção da juventude por muito mais tempo, pois contém sais minerais e outros elementos considerados milagrosos.

Planta forrageira da família das leguminosas, a alfafa pode ser cultivada no quintal ou num vaso grande e consumida quando os brotos atingirem de 2,5 a 3 centímetros de comprimento.

Proceda da seguinte maneira: empregue apenas sementes de plantas tratadas com fertilizantes orgânicos. Deixe-as de molho durante seis a oito horas em água, num recipiente de louça. Escorra a água e adicione-a ao caldo de sopa, pois é rica em sais minerais. Lave as sementes e coloque-as numa travessa maior, com água o suficiente apenas para garantir uma umidade homogênea. Cubra com uma tampa opaca. Reponha água toda noite até as sementes criarem brotos de 2,5 a 3 centímetros de comprimento, ricos em vitaminas. Eles são excelentes para saladas, sanduíches e outros pratos. Podem ser também transformados em pó e empregados junto com farelo ou aveia num creme facial ou num preparado para eliminar cravos.

Alfazema

Quem nunca leu ou ouviu falar da *English lavender*? Trata-se da alfazema genuína, ou *Lavandula vera*, a mais perfumada de toda a sua família, sendo portanto insubstituível no armário de cosméticos naturais. Apenas sua fragrância basta para justificar o prestígio de que a alfazema desfruta. Mas ela tem outras aplicações. Seu óleo tem propriedades restauradoras, estimulantes e anti-sépticas, além e aliviar as dores de cabeça resultantes da fadiga.

Alga marinha

As algas marinhas são ricas em sais minerais devido ao meio ambiente em que se desenvolvem. O pó de alga marinha pode ser empregado como um abrasivo estimulante, para fricções na pele. Já que as algas contêm muito iodo e outros sais minerais, pode também substituir com vantagem o costumeiro sal de cozinha.

Alho

Temperar comidas é apenas um dos papéis que o alho desempenha. Antibiótico simples e eficaz com que a natureza nos brindou, o alho tem componentes anti-sépticos que atuam na maioria dos tipos de ferimentos. Ele ajuda a prevenir resfriados e a arteriosclerose. Preparado sob a forma de ungüento, o alho ajuda a aliviar os estados asmáticos e funciona como depurativo do sangue. Hoje, poucos ignoram que os camponeses caucasianos atribuem sua longevidade à dieta que inclui o algo e o iogurte. Alguns estudiosos dizem ainda que aplicações de prepa-rados à base de alho estimulam o crescimento dos cabelos.

Amêndoas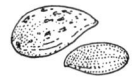

As amêndoas são um componente importante em máscaras regeneradoras da pele e em loções para mãos ásperas, e deve ser um produto indispensável no armário de cosméticos naturais. Os antigos gregos já empregavam o óleo de amêndoa doce para combater o ressecamento causado pelo sol e manter a pele sempre macia e lubrificada. Coloque a amêndoa moída bem fino de molho em leite, para o tratamento facial ou como loção para as mãos, pois esses dois ingredientes têm excepcionais propriedades cicatrizantes. Pode-se também moer em casa as amêndoas, para ter à mão um pó sempre mais fresco e ativo.

Amendoim

Entre os óleos vegetais, o de amendoim é excelente para a pele, bastando adicionar 1 colher (de sopa) a qualquer preparado facial que precise de um elemento lubrificante.

O óleo de amendoim tem uma característica especial que o torna benéfico para as áreas do pescoço. Mas pode-se também aplicar outros óleos vegetais insaturados nesse tipo de tratamento. Uma lubrificação freqüente com óleos desse tipo previne o surgimento de sulcos no pescoço.

Amora-preta

De emprego também interno, a amora-preta cura instantaneamente a diarréia – e ninguém ignora que o bom funcionamento intestinal é uma das condições básicas para se ter uma pele sadia.

Angélica

Essa planta, que atinge quase 2 metros de altura, já foi empregada em amuletos e para afastar os maus espíritos. Tem, contudo, aplicações muito práticas como digestivo, tônico e expectorante. A angélica é muito usada em confeitos e no preparo de licores. Ela nos interessa especialmente porque deixa o hálito adocicado.

Artemísia

Chegando a alcançar mais de 1 metro de altura, a artemísia é uma planta aromática, de flores denteadas, que variam do vermelho ao amarelo. Ligada em tempos remotos à magia a ao sobrenatural, a artemísia é empregada como estimulante suave e muito indicada para mulheres que atingiram a menopausa. Emprega-se em beberagens para limpar a pele, pois é depurativa. Tem também funções digestivas, sendo excelente no combate à flatulência.

Aveia

Empregue a aveia crua ou cozida, ou ainda suas partículas em suspensão (chamadas colidais e não-comestíveis). A aveia nutre a pele e remove a sujeira entranhada nos poros. É empregada desde tempos remotos para o tratamento de pele áspera e também contribui para o branqueamento da cútis.

Aconselha-se o uso da aveia em estado coloidal em fricções, para remover cravos incrustados. Ela é também especialmente benéfica para o controle de estados alérgicos. Costuma-se usar de 1 colher (de chá) a 1 colher (de sopa) para se fazer um aditivo de produto facial.

Aveleiro

Suas folhas são adstringentes e empregadas também em loções faciais. Os frutos são indicados para combater a anemia e os problemas cardíacos.

B

Banana

Toda variedade de banana contém alto teor protéico. A banana é rica em vitamina A, uma das vitaminas essenciais à vitalidade da pele, e não provoca nenhum tipo de alergia.

Bardana

Atingindo pouco mais de 1 metro de altura, a bardana dá flores purpúreas cujas sementes aderem a tudo o que nelas toca. No entanto, é sua raiz que se aproveita na medicina caseira e na preparação de cosméticos naturais. É um depurativo do sangue e ajuda a combater várias doenças do tecido epidérmico.

Batata

Eis formula tradicional para a depuração do organismo: batata crua. Por outro lado, o suco de batata crua ajuda a eliminar as manchas da pele, além de ser um remédio antigo e eficaz contra a eczema. Se possível, para essa finalidade, empregue apenas batatas cultivadas organicamente, pois as cultivadas por processos químicos contêm resíduos de inseticidas.

Betônica

Arbusto atraente de 30 centímetros de altura, a betônica dá flores de um vermelho purpúreo que forma lindos cachos. A betônica sempre esteve ligada à magia: acreditava-se que ela afastava os maus espíritos. Já foi considerada verdadeira panacéia na Europa, mas não se deve dar credito às lendas que a envolvem. É um arbusto de aplicações medicinais de efeitos comprovados. É eficaz contra dores de cabeça e distúrbios nervosos.

Borragem

A borragem sempre teve seu lugar na medicina caseira, para baixar a febre e ativar o funcionamento renal. Tem também qualidades emolientes e depurativas que a tornam útil no tratamento de imperfeições da pele.

C

Cacau, manteiga de

De emprego tradicional, a manteiga de cacau é emoliente e portanto, excelente para a pele. Suas aplicações, todas eficazes, variam: na forma de tabletes, liquefeita ou misturada com outras substâncias que se destinem ao umedecimento ou limpeza da superfície cutânea. Quem não se lembra de que a manteiga de cacau sempre foi empregada na cura de rachaduras dos lábios?

Calêndula

A calêndula sempre foi amplamente utilizada na medicina caseira, embora não ocupe lugar de destaque nos jardins sofisticados. A pomada de calêndula é muito usada para curar pequenos ferimentos e picadas de insetos. A cosmética a emprega como desinfetante e adstringente.

Camomila

Eis outra fonte de substâncias emolientes: a camomila. De suas flores extrai-se um óleo valioso que se adiciona a cremes refrescantes, ou se emprega diretamente na pele.

Planta muito aromática, libera facilmente seu perfume ao ser esmagada. Acredita-se que permanecer durante algum tempo numa plantação de camomila e aspirar sua fragrância é bom para a saúde. Ela é boa "para são e enfermos", conforme escreveu o cirurgião britânico James Parker.

O chá de camomila alivia s dores estomacais, e é também um sedativo eficaz. Eis uma planta que tem vários empregos na cosmética natural.

Cantalupo

O cantalupo, um tipo de melão redondo, é rico em vitaminas C e em inositol, uma vitamina do complexo B que exerce duas funções importantes no organismo: segundo alguns observadores, conserva os cabelos sadios e previne a arteriosclerose.

O cantalupo é um excelente alimento para evitar a queda dos cabelos e retardar o processo de enrijecimento das artérias, mas suas propriedades vão ainda mais longe. Os nutricionistas sugerem também a adoção de uma dieta rigorosa, caso se queira atingir esses objetivos: a inclusão de proteínas nobres, hortaliças carnosas, frutas frescas e soja, pois estes contêm lecitina, solvente dos glóbulos de gordura do sangue. Os especialistas aconselham ainda àqueles que sofrem de arteriosclerose a supressão de produtos açucarados como bolos, torta de frutas, etc.

Carvalho

As folhas de carvalho são um desodorante eficaz. Essa árvore majestosa, ligada às superstições e à história, tem propriedades adstringentes. Afirma-se que a Távola Redonda – aquela do rei Artur – era feita de uma tábua inteiriça de um carvalho gigantesco.

Cavalinha

Também conhecida como rabo-de-cavalo, é uma planta remanescente da era carbonífera da Terra. Empregada como remédio, a cavalinha é diurética e adstringente. Esta última peculiaridade faz com que ela entre na composição de loções para a pele e de preparados para as unhas.

Cebola

O enxofre é um sal mineral importante para a manutenção do bom estado dos cabelos e da pele, e a cebola é rica em enxofre, mas suas características vão além: elas "puxam" as impurezas dos poros e eliminam as bactérias, muitas das quais responsáveis pelo mau cheiro do corpo.

Cenoura

Ninguém ignora os benefícios que a cenoura proporciona à beleza da mulher, pois ela contém elevado teor de vitamina B e de vitamina A – esta, de aproveitamento imediato pelo organismo –, indispensável ao tratamento dos cabelos, pele e olhos.

Centáurea-azul

Eis uma planta que nascia espontaneamente na orla de plantações e que foi desaparecendo por causa do emprego exagerado de defensivos agrícolas. Suas flores azuis são empregadas em colírios e também para colorir misturas aromáticas de flores e folhas medicinais ou em cosméticos, pois têm qualidades amaciantes.

Cevada

A cevada é um cereal que se emprega há quatro milênios como alimento e também como ingrediente de cosméticos que embelezam e restauram as funções da pele.

Chá

Utilizados sobre os olhos após a infusão, os saquinhos de chá individuais constituem uma excelente forma para eliminar as olheiras.

Chicória

Quem quiser recorrer a uma boa fonte de vitamina A, deve ter a chicória presente em sua mesa. Lembre-se de que a vitamina A clareia a pele, torna as gengivas mais saudáveis e melhora a visão.

Cidrão

Trata-se da variedade *Lippia citridora*, da família das verbenáceas: uma árvore de folhas e frutos odoríferos, cujo aroma lembra o do limão. As folhas entram na composição de preparados aromatizantes. Ingeridas, aliviam os problemas de dispepsia.

Coco, óleo de

Extraído da polpa branca, firme e adocicada do coco, esse óleo tem vasto emprego no tratamento dos cabelos. Basta friccioná-lo sozinho ou junto com outros ingredientes, antes de lavar a cabeça.

Creme azedo

Tanto o creme azedo quanto o iogurte tem efeito benéfico sobre a epiderme. Mas o creme azedo é especialmente indicado para a pele seca, ao passo que se aconselha o iogurte para as peles oleosas. Um e outro contêm ácido lático, que elimina a sujeira e as bactérias. Também contribuem para manter a pele com aparência mais jovem e mais elástica.

D

Damasco

A vitamina A contida nos damascos é um tônico cutâneo. Seu uso é muito recomendado na confecção de produtos faciais ou como alimento. Sua vitamina restaura as funções da pele, dando-lhe nova vida.

E

Erva-cidreira

A fragrância adocicada da erva-cidreira atrai as abelhas. Suas folhas podem ser usadas em saladas e são ótimas no tratamento de febres e nervosismo.

Erva-doce

A erva-doce já foi usada par combater os efeitos do mau-olhado. O chá feito com essa planta propicia um sono reparador, mesmo depois de um farto jantar. A exemplo da angélica, é muito boa para dar ao hálito um sabor adocicado.

Ervilha

Não faz muitos anos, as ervilhas torradas eram vendidas em cartuchos nas ruas de Nova York, da mesma forma que no Brasil se vendem amendoins e pipocas. A ervilha é uma hortaliça amplamente consumida pelas populações eslavas, do Mediterrâneo ou do Oriente Médio. Alguns povos chegam a substituir a carne pelas ervilhas. E não é para menos, pois essa planta trepadeira da família das leguminosas é rica em proteínas. Seu uso externo destina-se a produtos faciais para a regeneração da pele.

Espinafre

Eis uma fonte notável de clorofila e de vitamina A. Seu uso interno é considerado um ótimo auxiliar dos cosméticos, pois à medida que restaura o funcionamento do trato intestinal, reduz os índices de impureza da pele. Ninguém ignora que a retenção nos intestinos dos produtos da digestão predispõe à doença e pode ser a causa de manchas e aspereza na epiderme.

Eucalipto, óleo de

O óleo aromático do eucalipto tem um efeito suavizante sobre o organismo. Ele é facilmente encontrado nas drogarias.

F

Faia

Árvore de porte altivo, cuja madeira branca, flexível e resistente é muito empregada na marcenaria, a faia dá castanhas que constituem um alimento valioso para porcos e veados, embora diga-se que envenenam cavalos. No entanto, emprega-se a resina de sua madeira no tratamento de doenças da pele e do reumatismo.

Farelo de cereais

O farelo é rico em hormônios de origem vegetal. Substitui com vantagem o sabão quando utilizado com outros ingredientes.

Figo

Uma pele limpa, saudável e sem manchas depende da eliminação metódica das toxinas, muitas das quais têm sua origem no mau funcionamento dos intestinos. Daí a importância do figo como auxiliar dos cosméticos, pois alguns nutricionistas consideram-no dos melhores laxantes.

Os figos secos contêm muitos sais minerais, e mais cálcio do que outros alimentos. Outro detalhe importante é seu teor de potássio, necessário para os que estão tomando diuréticos. Convém lembrar que esse recurso é desnecessário, diante da existência de tantos diuréticos naturais. O figo é um excelente alimento, pois possui a mesma enzima que se encontra no abacaxi e no mamão. Portanto, não é de estranhar que as populações rurais o empreguem sob a forma de emplastro para combater tumefações dos tecidos.

Framboesa

A framboesa contém um elemento acido restaurador que a torna indicada nos processos de cicatrização e restauração da vitalidade cutânea. Ela tem outra característica: seu efeito refrescante sobre todo o organismo. Por isso, a framboesa deve ser empregada durante o verão para manter o equilíbrio da temperatura do corpo.

Fubá

O fubá é empregado há séculos pelas mulheres, que conhecem muito bem suas propriedades como removedor de impurezas da pele.

Funcho

Para prevenir o aparecimento precoce de rugas, nada melhor que o vapor facial de funcho, que não tem emprego apenas culinário: ele remove as impurezas do organismo.

O ideal é empregar pedaços secos de funcho. Caso isso seja impossível, recorra ao funcho em pó, encontrado nas mercearias e estabelecimentos do gênero.

G

Geléia

Muitos cosméticos faciais são feitos com gelatina branca sem aroma ou sabor, ou com uma geléia que se prepara com amido de milho (maisena), dependendo do caso. Empregam-se glicerina, morangos maduros amassados e mel, de acordo com sua finalidade específica.

Gergelim, óleo de

O óleo de sementes de gergelim protege a pele contra a ação dos raios solares, pois absorve a luz ultravioleta, sendo portanto um excelente bronzeador. Alguns povos, especialmente os árabes, fazem uma manteiga macia e deliciosa do gergelim, triturando-o. Parecida com a nossa pasta de amendoim, esse produto, chamado *tahine*, pode ser adquirido em estabelecimentos especializados em alimentação natural.

Glicerina

Feita de vegetais, a glicerina é uma umectante natural que ajuda a reter a água nos tecidos e a absorver a umidade das camadas mais profundas da pele. Tem aplicação como amaciante, mas a médio e longo prazo resseca a epiderme.

H

Hamamélia

Planta nativa da América do Norte, a hamamélia chega a atingir mais de 3 metros de altura, tendo emprego na medicina e na cosmética. Também conhecida como hamamélis, essa planta tem propriedades adstringentes, sendo utilizada para estancar hemorragias internas ou externas, remediar queimaduras e inflamações. É muito importante no preparo de cosméticos. Usa-se a infusão com as folhas frescas ou a decocção das folhas e cascas secas da hamamélia.

Hortelã-pimenta

A natureza nos premiou com vários adstringentes, um dos quais é a hortelã-pimenta, de efeito marcante. Lembremos que um adstringente é uma substância que reduz a oleosidade da pele, refrescando-a e contraindo-a levemente. O efeito é temporário, mas proporciona um enorme prazer refrescante. Os adstringentes são necessário para o tratamento da pele oleosa, mas é preciso usá-los com cautela, pois podem produzir ressecamento. As pessoas com pele seca devem empregá-lo com parcimônia.

I

Iogurte

A exemplo do leitelho, que é também fermentado, o iogurte contém ácido láctico, atuando portanto como um ácido sobre a pele, o que o torna especialmente indicado para poros dilatados ou pele oleosa.

Sendo também clareador suave da epiderme, é indicado no tratamento das sardas ou da pele danificada pelo sol.

Fazer iogurte a partir do iogurte industrializado é muito fácil. Ferva 1 litro de leite e deixe esfriar. Adicione 3 colheres (de sopa) de iogurte industrializado e aguarde até coagular. Está pronto. Reserve três colheres desse iogurte para fazer o próximo.

J

Jasmim

Trata-se da variedade *Jasminium officinale*, trepadeira robusta cujas flores brancas entram em misturas fragrantes. O jasmim simboliza o amor, por isso é empregado com freqüência nas "poções" que ajudam nas conquistas amorosas. A outra variedade é o *Jasminium grandiflora*, cujas flores têm perfume mais intenso.

L

Laranja

Evita resfriados, previne contra infecções e ajuda no bom funcionamento orgânico: eis as funções da vitamina C contida na laranja, fruta notável também por seu teor de inositol (uma das vitaminas do complexo B), tão necessário à saúde dos cabelos. Depois de espremer as laranjas, reserve uma ou duas rodelas do bagaço para friccionar levemente o rosto, uma boa maneira de amaciar a pele. Para uso interno, recomenda-se a ingestão diária do suco de três limões misturado ao de uma laranja.

Lecitina

Eis um excelente emulsionador, quer seja usado interna ou externamente. Empregado em cosméticos, a lecitina ajuda a dar à pele um tom mais suave e brilhante.

A gema de ovo é rica em lecitina, podendo-se empregá-la batida no preparo de cosméticos e loções. Também se pode adquiri-la em sua forma pura: granulada, em líquido ou tabletes. Sua fonte vegetal mais comum é a soja.

Embora densa, a lecitina líquida se dissolve facilmente em sucos de frutas ou chá de hortelã-pimenta. É mais difícil dissolvê-la em água, o que não deve representar nenhum obstáculo, pois basta iniciar esse processo horas antes para ter à mão um bom amaciante da pele ou um aglutinante que se junta a outros produtos faciais naturais. Mesmo dissolvida, a lecitina é muito estável, e conserva-se bem por longo tempo, mesmo fora da geladeira.

Leite, soro de

O efeito do soro de leite no organismo é semelhante ao do iogurte, sendo por isso aconselhável consumi-lo em sua forma líquida, em pó ou em tabletes. Seu uso interno contribui para eliminar as impurezas orgânicas. Pode-se tomá-lo puro sob qualquer dessas formas, ou adicionar seu pó ao leite desnatado ou ao suco de fruta no café da manhã e um pouco antes de deitar-se.

Leitelho

Eis um produto dietético para a restauração da beleza da epiderme e rico em cálcio e proteína: o leitelho. O leitelho bem gelado é muito melhor. Mas há pessoas que o consideram muito azedo. Nem por isso devem abrir mão dele: basta adicionar-lhe dois ou três morangos maduros e esmagar com um garfo.

O leitelho tem também várias aplicações para uso externo.

Levedura de cerveja

A exemplo de outros produtos naturais, a levedura de cerveja tem emprego interno – é boa de um modo geral para o organismo – e externo – um componente de vários cremes faciais.

Ela apresenta uma vantagem especial sobre outras substâncias do gênero, pois é polivalente: atua bem sobre peles oleosas, secas ou normais. Sua aplicação sistemática ajuda a evitar o surgimento de rugas. Ajuda, além disso, a ativar a circulação sangüínea do rosto, mas deve-se empregá-la apenas uma vez por semana, e nunca no pescoço.

Licor de frutas

Quem tem pele oleosa ou comprometida por borbulhas pode recorrer com êxito ao licor de frutas, que é um bom removedor de impurezas. Pode-se preparar muitas loções simples para a pele adicionando licor a algum tipo de fruta. A melhor loção desse tipo é a de morangos.

Lima

Tem as mesmas propriedades do limão, embora seja levemente doce e um tanto aguada. A lima é recomendada para a renovação da superfície ácida da pele. Aplicada nas mãos, deixa-as limpas e suaves, amaciando também as cutículas. Clareia a pele do rosto e outras partes do corpo.

Limão

O limão é um ingrediente indispensável em vários cosméticos caseiros naturais, pois limpa as mãos, evita o surgimento de cravos, atenua o tom marrom das sardas e contribui para o equilíbrio da pele oleosa. Seus acompanhantes principais para uso externo são a clara de ovo batida e algumas frutas e hortaliças.

O limão é um excelente produto para a restauração da acidez natural da pele, mas, em contrapartida, não é indicado para pele seca. Pode-se misturá-lo com licor de frutas, água de rosas, vinho branco ou água para a remoção dos cravos e tratamento da acne.

Lírio

Símbolo da pureza e da virgindade, os lírios já não desfrutam o mesmo prestígio de que gozavam no passado. É que a liberdade sexual de nossos dias contribui para alijar os lírios da posição de destaque que ocupavam, fora o fato de que, no momento, a imagem dessas flores alvas e perfumadas vincula-se a cerimônias fúnebres. O lírio é empregado há séculos no tratamento dos males específicos das mulheres. Afirma-se que ele purifica o sangue. O óleo extraído do lírio ajuda a curar ferimentos da pele e dores de ouvido.

Louro

Suas folhas, de que eram feitas as coroas dos heróis olímpicos gregos, têm há muito tempo funções bem mais prosaicas: entram em larga escala no tempero do feijão e de outros pratos. Consta que as sacerdotisas da Grécia antiga mascavam folhas de louro por suas propriedades sedativas. A medicina caseira da França emprega-as no tratamento de reumatismo. O óleo extraído das folhas do loureiro é bom para o tratamento de contusões e torceduras.

M

Maçã

As propriedades cicatrizantes da maçã fizeram com que ela figurasse entre os ingredientes citados por alguns dos mais antigos livros sobre medicina caseira e artigos de toucador. Sua virtude como higienizante bucal é também notável. Aconselha-se não adoçá-la de forma alguma.

Madressilva

Planta trepadeira que alcança até 10 metros de altura e cujas flores rosadas e delicadas possuem delicioso perfume. O xarope feito com as flores da madressilva é empregado contra bronquite, asma e outros males do sistema respiratório.

Maionese

A maionese é um ótimo produto para o tratamento do rosto, pois cada um de seus ingredientes presta-se muito a isso: gema de ovo, sal, óleo, mel e vinagre de maçã. Senão, vejamos: a gema de ovo contêm lecitina e proteína, que nutrem a pele; o vinagre de maçã estimula e renova o revestimento ácido da superfície cutânea; o óleo ajuda a amaciar a pele, pois penetra em suas camadas, impedindo que ela se resseque e rache; e o mel, opcional, umedece e amacia, além de ter propriedades cicatrizantes. Preparada em casa com esses ingredientes, a maionese é um excelente substituto do creme que se aplica antes de dormir.

Maisena

Ver Milho, amido de.

Malmequer

As flores do malmequer servem para tonificar e fazer a assepsia da pele. O óleo essencial dessa planta pode ser adicionado a cremes refrescantes, mas tem outras propriedade: cicatriza pequenos ferimentos, inflamados ou não. As flores, cozidas em vaselina em banho-maria, produzem um creme ótimo, que se pode guardar em potinhos. Podem também ser empregadas em infusões.

Malvaísco

Originário da Europa, o malvavisco (altéia ou malvaísco) é uma planta medicinal clássica cuja raiz, de sabor adocicado, contém mucilagem e açúcar, sendo usada como corretivo e excipiente (substância empregada para ligar, dissolver ou modificar o gosto de um medicamento); além disso, ela contém um emoliente: para aproveitá-lo, corta-se a raiz em pedaços bem pequenos, deixando-os a seguir de molho em água fria. O líquido, que se tornará gelatinoso, será então coado para ser utilizado em loções e cremes. A malva também contém essa substância, embora em menor qualidade.

Manjericão

Planta muito empregada na culinária, o manjericão tem propriedades medicinais: ajuda a curar distúrbios nervosos e eliminar os estados de desânimo, como já garantia o cirurgião britânico James Parkinson no século XVIII.

Manjerona

Essa planta caseira, que há séculos desfruta de prestígio entre os adeptos da medicina natural, é muito boa para eliminar tumefações do rosto e de outras partes do corpo.

Margarida

Falamos da variedade *Bella perennis*, pois são muitos os membros de sua família. Trata-se de uma planta de flores singelas, mas que desfruta da reputação de ser ótima para curativos de ferimentos. A água de margarida é considerada, há muito tempo, uma loção embelezadora.

Marmelo

Como dentitrício, contra queimaduras do sol e como loção capilar: eis três dos empregos que se dá ao marmelo, consagrado desde os tempos dos gregos e romanos nas receitas de remédios caseiros.

Mel

As propriedades do mel são conhecidas há séculos. Para combater a prisão de ventre, uma fórmula bastante simples: 1 colher (de sopa) de mel e 1 colher (de sopa) de vinagre diluídas em água, que deve ser tomada até a regularização intestinal. Já para vencer a insônia, chá de ervas adoçado com mel. Além disso, o mel ajuda o organismo a reter os líquidos, e sua ingestão evita que a pessoa seja obrigada a levantar-se no meio da noite para ir ao banheiro.

O mel constitui também um ingrediente precioso dos cosméticos, pois umedece e amacia a pele e cura todo tipo de erupções cutâneas. Basta aplicar sistematicamente um pouquinho de mel puro sobre a erupção para constatar seus efeitos.

Rico em vitaminas C e B, o mel entra como aglutinante ideal em muitas fórmulas de produtos de aplicação externa para eliminar as imperfeições da pele.

Melancia

Uma vez que a melancia contém a mesma acidez neutra da pele, é um tônico da superfície cutânea. Apesar de um tanto insípida e de seu elevado teor de água, ela é incrivelmente rica em vitamina A. Possui ainda sais minerais importantes e um pouco de vitaminas C e B, todos especialmente indicados, quer se consuma melancia ou se façam aplicações externas com ela. Neste caso, colocam-se fatias finíssimas sobre o rosto.

Melão

Falamos aqui da variedade *Cucumis melo*, de casca esbranquiçada e polpa verde. Ele e o cantalupo figuram entre as frutas menos ácidas, só perdendo para o abacate; daí a importância de sua inclusão nas fórmulas de cremes faciais para peles oleosas.

Milefólio

Também chamado de mil-folhas ou mil-em-rama, o milefólio forma cachos de flores brancas ou de cor malva. Segundo algumas lendas, o casal que tivesse em seu poder flores de milefólio no dia do matrimônio teria sete anos de felicidade. O certo é que essa planta ajuda a combater resfriados com manifestações febris. Essa planta é utilizada também como componente de loções capilares para o combate à seborréia e à caspa.

Milho, amido de

De emprego tradicional na cozinha, o amido de milho ou maisena tem, também, propriedades cicatrizantes quando aplicado externamente. É bom sucedâneo do talco, embora não tão fino. As mães que conservam antigos hábitos salutares ainda o aplicam contra assaduras dos bebês.

Mirtilo

De frutos azuis, que se empregam em tortas e geléias, o mirtilo entra também no preparo de cosméticos, pois seus frutos tem propriedades adstringentes. Seu consumo ajuda a tratar da disenteria. Também contribui no tratamento de úlceras estomacais.

Morango

Empregado em sua forma simples, o morango maduro é bom contra queimaduras do sol, como dentifrício ou creme facial.

Morrião-dos-passarinhos

Planta lastradeira, dá pequenas flores de forma estelar, muito apreciadas pelos pássaros, daí seu nome. Os especialistas em medicina caseira empregam-na em ungüentos para amaciar inflamações e úlceras do tecido epidérmico. O morrião-dos-passarinhos é ainda utilizado como ingrediente de loções faciais.

O

Óleos

Os óleos se destinam a limpar, lubrificar e amaciar a pele. Faz-se sua aplicação simples no rosto, pescoço e restante do corpo para tonificar, embora seja comum incluí-los em fórmulas mais complexas de cremes faciais para peles secas ou de pessoas que entraram na meia-idade, pois a lubrificação freqüente com substâncias corretas retarda o processo do envelhecimento.

Embora todos os óleos vegetais possam entrar nas fórmulas de cosméticos naturais, convém ressaltar que o melhor, para a limpeza da pele, é o de amêndoa, muito fácil de fazer em casa e cuja superioridade patente se pode notar, bastando estabelecer critérios de comparação a médio e longo prazo.

Óleo de rícino

Excelente produto para dar nova vida e vigor aos cabelos. Basta adicionar 1 colher de óleo de rícino no preparado que se usa para ensaboar o cabelo, antes da lavagem.

Óleos insaturados

Ao contrário das gorduras saturadas, os óleos insaturados são indispensáveis à energia, boa saúde, alterações de temperatura do corpo e remoção de muitas doenças da pele. Uma colher de sopa de óleo insaturado ingerida diariamente alivia muitos dos problemas cutâneos que afetam os adolescentes. A saúde geral, o bem-estar e o metabolismo das gorduras melhoram quando se tempera a salada diária com uma boa colherada desse tipo de óleo.

Os melhores óleos do gênero são os que possuem ácidos graxos insaturados em maior volume. Para emprego na cozinha, sua classificação é a seguinte, em ordem decrescente de qualidade: de açafroa, milho, oliva, girassol, gergelim e soja.

Mas eles têm também empregos externos, como ingredientes de creme ou loção, cujas fórmulas damos em outro capítulo. Quem tem pele seca deve sempre incluí-los nas fórmulas de seu preparo, pois eles penetram no tecido epidérmico, cumprindo a missão permanente de amaciar, lubrificar e nutrir.

Já o óleo de amêndoa, o óleo de germe de trigo e a lanolina não são insaturados. Apesar disso, ninguém nega suas qualidades para a manutenção da pele.

Oliva, azeite de

O azeite de oliva tem um aroma mais forte do que o de muitos outros óleos vegetais, sendo também um pouco mais saturado. Não é, portanto, o melhor para uso interno, embora seja excelente para o tratamento da pele e dos cabelos.

Pelo que consta, o primeiro creme refrescante preparado há dois milênios tinha o azeite de oliva como ingrediente básico. Na mesma época, teria surgido o primeiro perfume, no qual o azeite puro era empregado como absorvente do perfume de flores. Imersas em grande quantidade no azeite de oliva, as flores lhe transferiam todo o aroma.

Isso não é de estranhar, pois as oliveiras se desenvolveram a princípio nas regiões que foram berço de grandes civilizações; daí seu emprego milenar, como alimento e componente de cosméticos.

Ovo

O ovo é um elemento indispensável em um grande número de cosméticos. Só isso basta para atestar sua importância para o embelezamento e conservação da pele ou no tratamento dos cabelos.

Oxicoco

Planta natural dos Estados Unidos, seus frutos vermelhos são empregados no preparo de molhos e geléias. Aplicado externamente, estimula a circulação, tonifica a cútis e deixa o rosto mais limpo, depois de removido com água.

P

Pão, carvão de

Empregado com êxito na higiene bucal, com a vantagem de ter sua origem num cereal: o pão. Faça-o você mesmo, sempre que puder, pois ele não serve apenas para escovar os dentes: serve também para o tratamento da acne. Seu substituto, no tratamento da pele, é o carvão ativado, encontrado em drogarias. Nesse caso, não convém fazer aplicações por muito tempo.

A solução ideal contra acne seria depurar todo o sistema orgânico, livrando-o de toxinas e gases, por meio de uma dieta rica em frutas e vegetais. Uma pele sadia depende do bom funcionamento do organismo, livre de impurezas.

Pastinaca

O consumo dessa raíz ajuda a solucionar o problema das unhas quebradiças.

Pepino

Os tratamentos de beleza não dispensam o pepino, pois ele traz benefícios comprovados, quer como alimento quer em aplicações externas. Para curar erupções da pele, deve-se tomar diariamente um copo de suco de pepino com suco de cenoura, alface e um pouquinho de alfafa. A fórmula: 2 pepinos descascados, 1 cenoura descascada, ¼ de um pé de alface e alguns brotos de alfafa. Bata no liquidificador e tome todos os dias.

Mas o pepino é também ideal no tratamento dos cabelos, unhas e pele – inclusive para prevenir as queimaduras do sol.

Pilriteiro

Esta é a variedade *Crataegus oxyacantha*, que não deve ser confundida com outras espécies, apesar de ser aparentemente um espinheiro. Os frutos vermelhos do pilriteiro são diuréticos. Constituem também um tônico cardíaco e têm propriedades adstringentes.

Poejo

Membro da família da hortelã, o poejo é uma planta de flores vermelhas, purpúreas e azuis. Acreditava-se que ela trazia saúde a quem o mantivesse pendurada no quarto de dormir. Seu cheiro acre impede que ele seja mais utilizado na fabricação de cosméticos.

Prímula

As flores da prímula têm efeitos levemente narcotizantes e sempre foram usadas na medicina caseira como tônico dos nervos, sedativo para dor de cabeça e insônia. Da mesma forma, sempre tiveram amplo emprego nas receitas caseiras de preparados contra o surgimento de rugas. A variedade *Primula veris* é mais potente do que a *Primula vulgaris*.

Q

Quelidônia

A quelidônia é a variedade *Chelidonium majus*, planta herbácea perene que não ultrapassa 1 metro de altura. Suas folhas e flores (de quatro pétalas amarelo-claras) têm aroma desagradável. Consta que ela já foi empregada na cura de icterícia. Tem-se como certo que a quelidônia cura escrófulas. Ela não deve ser ingerida, pois contém substância venenosa. Seu suco, muito ativo, é empregado na remoção de cravos, pois atua energicamente sobre a pele.

R

Rábano-rústico

Não é de hoje que se emprega a raiz do rábano-rústico, ralada crua e misturada com leite, para o tratamento de peles duras e ásperas. O tratamento com rábano-rústico é muito eficaz, pois sua raiz tem um índice de acidez quase igual ao de uma pele humana normal.

Rosa

Entrar em detalhes sobre rosas significa escrever páginas e páginas. Limitemo-nos a informar que a água de rosa é um componente quase indispensável dos cosméticos. A farmacologia britânica fixa as normas para sua obtenção: mistura-se águas de rosas comercial (obtida especialmente da *Rosa damascena* ou da *Rosa centifolia* e outras espécies) com o dobro de seu volume de água destilada, para emprego imediato.

Podemos fazer nossa própria água de rosas para os artigos de toucador simplesmente deixando pétalas frescas de molho em água destilada.

Já o óleo ou essência de rosas exige mais trabalho, pois precisamos destilar as pétalas e ir recolhendo sua substância aromática. Pelo que consta, a essência búlgara de rosas é a mais cotada porque ela passa por varias destilações sucessivas. Para se obter 1 litro de essência de rosas, são necessárias 4 toneladas de pétalas, caso se empregue esse processo sofisticado. No entanto, às vezes são necessárias até 10 toneladas, dependendo das pétalas. Isso explica por que tal essência custa tão caro. O outro motivo é que um creme refrescante para a pele não pode dispensar essências de rosas.

S

Sabugueiro

Segundo a tradição, a cruz de Cristo era de sabugueiro e Judas enforcou-se no galho de uma dessas arvores. Antes disso, o sabugueiro era plantado em torno das moradias para afugentar os maus espíritos.

De folhas e flores perfumadas, o sabugueiro dá frutos pretos. As flores, brancas, entram no preparo de loções faciais, vinagres, bolos e vinhos. Empregam-se os frutos negros em geléias e xaropes para o tratamento de resfriados. De sua casca fazem-se ungüentos emolientes. Sua raiz era empregada em tempos remotos com fins purgativos.

Sal

O sal ajuda a cicatrizar ferimentos e a remover as células velhas do tecido epidérmico, quando empregado como abrasivo ligeiro.

Salsa

Rica em vitaminas C e A, a salsa deve sempre fazer parte de uma boa salada, pois atua como depurativo interno. A salsa tem também empregos tópicos: como calmante das pálpebras e olhos, desodorante bucal e controlador da oleosidade da pele.

Salva

Os preparados para restaurar os tecidos e eliminar o mau cheiro do corpo têm na salva um dos ingredientes quase indispensáveis, pois ela é uma das ervas mais benéficas ao organismo.

Segurelha

Também conhecida como alfavaca-do-campo, a segurelha tem a altura média de 30 centímetros e dá flores cor de malva. Eis algumas de suas propriedades: é calmante, aquece o organismo e alivia as irritações da pele ou a dor de picadas de insetos.

Soja, óleo de

Como o óleo de soja faz parte do grupo dos óleos insaturados, aconselha-se seu emprego em todo creme de fabricação caseira ou como elemento lubrificante da pele seca de qualquer parte do corpo.

T

Tanchagem

A tanchagem é uma planta cujo nome está ligado à medicina de tempos remotos. Seu emprego hoje objetiva baixar febres, curar ferimentos e combater a tosse.

Tília

De folhas também perfumadas e flores brancas ou amarelo-pálidas, a tília é empregada na medicina caseira ou no preparo de cosméticos. O chá de tília é bom para garganta seca, pois lubrifica as mucosas. Sob a forma de loção, dá nova vida aos cabelos e refresca a pele.

Tomate

Refrescante, tonificante e auxiliar da circulação sangüínea: eis as propriedades do tomate, que deve ser aplicado no rosto para restaurar sua acidez relativa depois de um tratamento de limpeza. Em seguida, remova-o com água morna. Uma pele oleosa exige uma aplicação diária, ao passo que para a pele seca basta uma aplicação por semana. Misturado com o leitelho, o suco de tomate é bom para pele oleosa. Substituindo-se o leitelho por creme azedo, obtém-se um ótimo preparado para pele seca.

Tomilho

O maior atrativo do tomilho reside em seu aroma característico, o que é facilmente verificável pela grande afluência de abelhas nos locais onde ele se desenvolve. O tomilho já foi usado como tônico dos pulmões; hoje é mais comumente empregado no preparo de remédios contra tosse.

O timol, um fenol extraído da essência do tomilho (ou de outras ervas), é um anti-séptico potente. Essa planta perene também figura entre os ingredientes de loções e cremes destinados à assepsia geral.

Toranja

A membrana interna da toranja constitui um excelente amaciante da pele áspera e gretada dos joelhos, mãos e cotovelos. Sempre que chupar uma toranja, reserve uma rodela para esfregar suavemente nas mãos e em outras partes do corpo onde a elasticidade está abaixo do normal.

Trevo

Existem muitas variedades de trevo: o branco (*Trifolium repens*) e o vermelho (*Trifolium pratense*), além de outras, menos importantes para os propósitos deste livro. As flores do trevo-branco são empregadas como depurativo do sangue. Quanto à variedade vermelha, já foi cultivada como planta forrageira, mas hoje cresce em terras adubadas com nitratos. As abelhas preferem a variedade branca. O trevo-vermelho é empregado no tratamento da bronquite e da coqueluche.

Trigo, germe de

O germe do cereal é a parte da semente que dá origem a uma nova planta, por meio da germinação. Isso quer dizer que ele é riquíssimo e explica sua inclusão em quase todas as dietas, pois meia xícara de germe de trigo contêm o mesmo volume de proteínas existentes, por exemplo, em 100 gramas de carne bovina ou de peru. Entre outras vantagens, o germe de trigo é rico em vitaminas do complexo B e vitamina E.

Tussilagem

Apesar de ser uma erva comum, a tussilagem (ou unha-de-cavalo) tem propriedades medicinais. Amacia a pele, tendo ainda suaves propriedades anti-sépticas e adstringentes. Extraia seu suco ou prepare uma infusão das folhas ou flores de tussilagem, juntando-os aos tônicos ou cremes. Os resultados tonificantes sobre a pele não se farão esperar. Os preparados contra acne também costumas conter tussilagem.

V

Urtigão

São várias as espécies de urtiga, e suas famílias também são numerosas. A espécie que nos interessa é a *Urtica dioica*. Não serve para uso externo, pois irrita a pele, mas é excelente tônico e depurativo do sangue. Em cosmética, o urtigão é empregado no preparo de tônicos capilares e loções para enxaguar os cabelos.

Uva

A uva reduz a acidez da urina e estimula as micções, sendo, portanto, um bom diurético. Mas funciona também como laxante, podendo-se consumir o suco industrializado, desde que de boa procedência. A aplicação do suco de uvas sem sementes é sempre aconselhável no verão, mesmo que a pessoa não se exponha muito ao sol.

V

Valeriana

O rizoma (caule subterrâneo) da valeriana tem emprego medicinal. Possui aroma intenso e às vezes nauseante. Com ele se fazem calmantes e soporíferos suaves. Antigamente sua raiz era empregada no tratamento da epilepsia.

Verônica

De flores azuis, a verônica já foi empregada "para enxergar melhor", mas hoje se destina principalmente ao tratamento de catarro e problemas nos brônquios. Muitas loções para a pele contêm a verônica entre seus componentes.

Vinagre

Há séculos o vinagre vem sendo utilizado como cosmético no tratamento da pele e combate aos cravos. Seu alto teor ácido tonifica e torna a pele resistente às infecções da pele ressequida, além de eliminar a sensação de cansaço, em virtude de seu alto teor de acidez. Diante dessas propriedades, nem seria necessário dizer que vale a pena empregá-lo ao enxaguar os cabelos, pois ele também combate a caspa.

Vinho

Removedor de oleosidade e potente bactericida, o vinho branco tem sido empregado há séculos para conferir melhor aspecto à pele do rosto, pois, além de tudo, combate a acne.

Pode-se reservar cerca de 1 xícara de café de vinho, que, ainda que se transforme em vinagre, é também ótimo para a pele. Seu efeito é ainda melhor quando se lhe adiciona um pouco de água de rosas.

Violeta

Símbolo da modéstia, as flores de violeta ainda são empregadas na culinária devido ao seu aroma característico e à cor que transferem aos líquidos do cozimento. Não é de hoje que se usa xarope de violeta como laxativo infantil. A medicina caseira recorre às suas flores para preparar emplastros e sais aromáticos, e na cosmética suas flores são empregadas no preparo de loções faciais e misturas odoríferas.

Vitaminas

Certos alimentos, devido a seu alto teor vitamínico, são especialmente indicados para a saúde da pele e dos cabelos. As vitaminas tornam a pele mais jovem e mais alva, além de conferir brilho, maleabilidade e beleza aos cabelos.

Quem se preocupa com a saúde da pele deve seguir uma dieta rica em proteínas nobres, ovos frescos, óleos vegetais insaturados e todos os alimentos ricos em vitaminas B.

Uma fonte rica e barata de vitaminas do complexo B é a levedura de cerveja. Cada comprimido contém no mínimo 0,06 miligrama de vitamina B_1, 0,02 miligrama de vitamina B_2, 0,15 miligrama de nicotinamida e os demais fatores do complexo vitamínico B. Além disso, cada comprimido possui 42 por cento de proteína, 47 por cento de carboidratos, 6 por cento de cinzas, 4 por cento de umidade e 1 por cento de gordura. Aconselha-se o consumo de dez comprimidos por dia.

Já o germe de trigo é rico em vitamina E, sendo, portanto, indispensável na dieta de quem quiser ter uma epiderme macia. Para os casos de pele seca, é importante a ingestão de vitaminas A e E, especial-mente a partir da meia-idade, quando o metabolismo deixa de atender a contento às necessidades da restauração da pele, que se torna um tanto áspera. Em contrapartida, quem tem pelo oleosa deve dar preferência aos alimentos que contenham o complexo vitamínico B, especialmente a vitamina B_6.

Vejamos em detalhe as vitaminas indispensáveis para a pele:

Os legumes, a soja e o germe de trigo contêm acido pantotênico ou vitamina B_5.

O óleo de milho, o germe de trigo, o óleo de amendoim, o repolho, os cereais integrais, a beterraba, o limão e a laranja contem piridoxina ou vitamina B_6.

A cenoura, as folhas de taraxaco, os damascos, a couve-galega, a salsa, a batata-doce, o agrião, o espinafre, a cebolinha, a pimenta (ardida ou não), a manga, o cantalupo e os pêssegos secos contêm vitamina A.

A soja e a maioria das plantas contem lecitina.

A cevada, o centeio, o arroz integral, o germe de trigo, o germe de arroz, as hortaliças folhosas, os legumes e as castanhas contêm vitamina E.

Quanto aos cabelos, convém lembrar que estes e as unhas são feitos de uma mesma substância, o que significa que as vitaminas boas para o sistema capilar o são também para as unhas.

As vitaminas do complexo B são em geral as especialmente indicadas para os cabelos. Aí se incluem o ácido pantotênico, a colina, o ácido para-aminobenzóico e o inositol.

A caspa deve ser combatida com uma terapia vitamínica específica: 1 colher de chá de germe de trigo, várias vezes ao dia, e uma pequena cápsula de vitamina E. Como auxiliar de emprego externo, temos o enxágüe com vinagre de maçã diluído em água.

Detenhamo-nos nos alimentos benéficos para os cabelos por causa de seu elevado teor dessas vitaminas:

O germe de trigo e outros alimentos ricos em complexo vitamínico B contêm ácido para-aminobenzóico.

O nabo, a mostarda, a soja seca, o espinafre e outras hortaliças folhosas, o repolho, a ervilha, as castanhas, as frutas e o germe de trigo contêm colina.

A laranja, a toranja, o feijão-lima seco, o germe de trigo, o cantalupo, as castanhas e a ervilha seca contêm inositol.

O arroz integral, o centeio, a cevada, o germe de trigo, o germe de arroz, as castanhas, os legumes e as hortaliças de folhas verdes contêm vitamina E.

Z

Zimbro

Arbusto de cerca de 3 metros de altura, o zimbro dá frutos negros e aromáticos que se empregam misturados com o gim. O óleo dos frutos de zimbro é diurético e age com eficácia contra os problemas digestivos.

Como Abastecer seu Toucador

Citamos indistintamente o que se pode adquirir ao longo de todo um ano, embora seu bom senso deva orientá-la a dar preferência aos produtos da própria estação, por custarem menos. Tomamos o cuidado de excluir desta lista as ervas e matérias-primas exóticas, a fim de não contribuir para as dores de cabeça de uma busca inútil.

Senão, vejamos:

Produtos como alho, nabo, damasco, pêssego, tomate, pepino, cenoura, cebola, uva, limão, abacate, maçã, banana, batata e melão se encontram em qualquer mercearia ou supermercado. O mesmo se pode dizer do iogurte (que você mesma pode fazer), cravo, água mineral, azeite de oliva ou de amêndoa, milho, maisena, maionese, leite, mel, ovos, vinagre de maçã, aveia, canela, sementes de alcaravia, gelatina, amêndoas, hortelã-pimenta, essências, corantes, chá em saquinhos, cereais, sal, salsa e salva.

Outros produtos como óleo de cravo, óleo para bebês, água de alfazema, água de rosas, glicerina, caulim, papel absorvente, xampu para bebês, giz, levedura de cerveja, água de sabugueiro, camomila, alecrim, manjericão, salva e calêndula, entre outros, são adquiridos em drogarias ou em farmácias especializadas em ervas medicinais.

Outros, como o urtigão, se conseguem cultivando-os no jardim; e as rosas se encontram nas floriculturas. Pode-se também cultivar a salva, o alecrim, a alfazema, o funcho, o alho e a centáurea em simples vasos no parapeito das janelas. Já o pilriteiro, a quiledônia, a verônica e o sabugueiro podem ser encontrados em seu estado nativo nos campos.

A conservação das ervas

Embora o ideal seja empregar plantas de folhas mais ou menos novas e recém-colhidas, nem sempre se pode atender a essa exigência. Ninguém ignora que mesmo as folhas mais cuidadosamente desidratadas perdem parte de suas propriedades medicinais. Em face disso, sempre que possível, deve-se conservá-las na geladeira durante pelo menos duas semanas, prazo a que eles resistem bem, desde que estejam enxutas e acondicionadas em recipientes herméticos.

As pessoas mais comodistas podem comprar em drogarias especializadas as ervas de que precisam; já as mais empreendedoras podem consegui-las cultivando-as, caso tenham espaço, ou colhendo-as durante suas incursões ao campo.

Quem preferir a segunda opção deve atentar para o tempo e o período do dia: uma manhã, bem seca e ensolarada, depois da evaporação de todo o orvalho, é o ideal. Lembre-se de que a colheita não é um ato de devastação e de que a planta a premiará da próxima vez, se receber carinho da primeira: não a maltrate, não a fira. O mesmo conselho se aplica às folhas coletadas, para que não percam parte de seu sumo até serem usadas.

A fase de evolução da planta é também digna de nota. No caso de folhas (como as do tomilho ou do alecrim), é melhor aguardar a época de floração da planta. Em se tratando de flores, o período ideal é quando elas já desabrocharam por completo.

Por outro lado, não são poucos os que acreditam que a lua exerce influência sobre o crescimento dos cabelos das pessoas, as propriedades das plantas medicinais e a resistência do capim e das madeiras às inclemências do clima e dos insetos. Monteiro Lobato chegou a falar de um próspero roceiro cuja casa tinha teto de capim cortado em "boa lua".

Dessa forma, acredita-se que as ervas colhidas na lua minguante contêm menos seiva em seus talos e folhas, o que proporciona uma melhor secagem. Em contrapartida, entre as populações rurais, acredita-se geralmente que ervas para consumo imediato devem ser colhidas no quarto crescente. O mesmo conselho se aplica às raízes, que serão mais tenras e suculentas depois de passada a minguante.

Completada essa primeira operação, escolha em seu quintal, jardim ou área de apartamento um local sombreado e revista-o com papel, espalhando as folhas por cima, para uma secagem bem lenta. Nesse processo, é aconselhável protegê-las com um pedaço de musselina, o que evita a deposição da poeira e a circulação excessiva do ar, sem impedir a ventilação conveniente. Outro meio de desi-dratação é pendurar maços de folhas com as pontas para baixo, sempre à sombra, dentro de sacos de musselina, para evitar a intromissão de insetos; ou então espalhá-los sobre uma tela metálica não oxidável, bem acima do fogão, cuja chama deve ser a mínima possível. Quanto às raízes, o correto é cortá-las no sentido do comprimento, acompanhando sua fibras, e adotar qualquer dos processos acima para a secagem.

Após a desidratação das folhas, flores ou raízes, acondicione-as em vidros de tampas herméticas e conserve-as longe da luz, direta ou indireta, de preferência num armário bem escuro, seco e frio, para a manutenção de todas as propriedades da planta.

Ainda não existe uma opinião unânime sobre a durabilidade de ervas ou flores secadas e acondicionadas por esse processo. Uma boa prática, de qualquer forma, é rotular cada vidro com a data respectiva e chegar a uma conclusão por conta própria, pois as condições climáticas têm grande influência sobre a durabilidade. Em princípio, pode-se dizer que elas duram um ano, mas é melhor ter certeza absoluta. Esse conselho aplica-se também às plantas medicinais que se compram em farmácias especializadas.

Ingredientes específicos

Um ou mais desses óleos, gorduras e outros ingredientes específicos aos quais recorremos encontram-se à venda em lojas de produtos naturais, drogarias ou farmácias especializadas em ervas medicinais:

Alcatira, goma de: também chamada de tragacanta, a alcatira produz uma resina de mesmo nome, empregada em farmácia, nos adesivos e na estamparia de tecidos.

Âmbar gris: substância sólida, preta ou parda, que tem cheiro almiscarado e é extraído do intestino do cachalote. Quando se diz simplesmente "âmbar", referimo-nos a esse tipo, embora também exista o âmbar amarelo.

Arnica: erva nativa da região montanhosa da Europa Central, é utilizada como ingrediente de vários remédios caseiros para o tratamento de escoriações.

Bálsamo de quina: trata-se do extrato da fruta de uma variedade de quina, a *Myroxylon percirae*, que não deve ser confundida com outras variedades, como se verá a seguir. O bálsamo de quina é usado em gotas nasais e tem aplicações também em cosméticos.

Benjoim, tintura de: trata-se da tintura da resina de benjoim, que se cultiva na Tailândia e em certas áreas da Indonésia. Aromática e amarela, a resina é empregada em farmácia e perfumaria.

Bergamota, óleo de: óleo essencial extraído da casca da bergamota, fruta suculenta com formato de pêra que pertence à família dos cítricos. Aromático, o óleo é utilizado no preparo de perfumarias.

Casca de quina: casca de outra variedade de quina, a *Cinchona succiruba*, de empregos medicinais.

Cera de abelha: é a cera em seu estado elementar, depois de produzida para a formação dos favos de mel.

Cera branca: é a mesma cera de abelha, só que refinada e purificada.

Espermacete: ingrediente que dá têmpera às velas e a muitos cremes faciais. É extraído do cérebro dos cachalotes. Sendo de origem animal, nunca é empregado pelos vegetarianos ortodoxos.

Giz ou greda: argila purificada, de propriedades absorventes.

Glicerina: líquido incolor e doce obtido a partir de substâncias graxas animais ou vegetais por meio da saponificação.

Lanolina: substância gordurosa extraída da lã do carneiro.

Manteiga de cacau: gordura extraída do fruto do cacaueiro.

Rícino, óleo de: ingrediente de cremes bronzeadores e faciais, apesar de seu cheiro um tanto desagradável e de seu emprego como laxante.

Sabão neutro: feito de azeite de oliva com hidróxido de sódio. É de alta qualidade, rígido, branco e inodoro.

Os segredos do preparo

Não há segredo no preparo de folhas, raízes ou flores medicinais ou odoríferas, embora os métodos possam variar, dependendo de sua aplicação. Ei-los:

Decocção: deixa-se a erva ferver em fogo baixo, geralmente durante 15 minutos, dependendo de seu tipo. Emprega-se esse método quando se trata de raízes ou cascas de árvores – as partes mais duras da planta.

Infusão a quente: despeja-se água fervente sobre a erva, não importa se verde ou seca, e aguarda-se durante 5 minutos, como quem faz um simples chá. Da mesma forma, convém aquecer antes o recipiente e tampá-lo bem, para evitar a perda, embora mínima, do aroma. Esse método deve ser aplicado no preparo de plantas tenras cujos princípios ativos se transferem com facilidade para água quente.

Infusão a frio: já que o líquido no qual a erva fica de molho não é aquecido, o tempo de sua permanência será muito maior, variando de planta para planta. De qualquer forma, o recipiente precisa ficar hermeticamente fechado, para que não ocorra nenhuma perda. É dessa forma que se fazem os vinagres de ervas.

Óleos de essências: os óleos de essências de ervas extraídos por nós mesmos são um meio excelente de transferir para os cosméticos as propriedades da planta. O processo leva três semanas, mas a espera compensa. Os líquidos destinados a absorver os aromas são os óleos de amêndoa ou de girassol e o vinagre de vinho branco. Empregue ½ xícara de erva verde ou 2 colheres de sobremesa de erva seca, para ½ litro de óleo vegetal e 1 colher de sopa de vinagre de vinho branco. Despeje tudo num frasco de vidro, cuja tampa se feche hermeticamente. Agite bem e depois coloque ao sol. A maturação se completa em três semanas. Coe e guarde noutro recipiente de vidro, que também tenha tampa hermética. Se o aroma não atender aos seus desejos, repita a operação com uma dosagem maior de ervas.

Tintura: o modo mais simples de se fazer uma tintura é macerar bem 100 gramas de erva seca, transformando-a em pó, despejá-la em 1 litro de álcool medicinal, atarraxar a tampa (que deve ser hermética) e aguardar duas semanas, agitando o recipiente uma vez por dia. Depois é só filtrar num coador de café e conservar num frasco bem fechado.

Seguindo essas instruções, você estará apta a usar com êxito as receitas que se seguem, podendo inclusive criar suas próprias fórmulas, levando em conta os vários critérios já expostos: os tipos de pele existentes em áreas específicas do corpo, as possíveis reações alérgicas, os resultados obtidos conforme as características de cada pessoa.

De qualquer modo, apresentamos fórmulas básicas, sem as quais não se obterão resultados positivos caso se façam experimentações aleatórias. A partir de cada efeito específico, vá fazendo as escolhas ou exclusões que julgar justificáveis, podendo, por exemplo, substituir o óleo de ervas aromatizado. Outra variação consiste na substituição da água destilada (nunca empregue água de torneira) ou da água de rosas por igual volume de infusão de ervas.

Também no caso dos cabelos, as variações são pertinentes, como, por exemplo, empregar um volume idêntico de ervas para substituir o ingrediente alcoólico contido num tônico capilar. Aqui, como nos casos acima, tudo depende da constituição da pele, cabelos ou couro cabeludo – e ninguém melhor do que você para fazer uma avaliação precisa.

O Corpo como um Todo

Em busca do equilíbrio

Todos nós temos, em maior ou menor grau, pontos críticos que não podemos ignorar porque nos incomodam (os calos, por exemplo) e os que saltam aos olhos, comprometendo nosso bem-estar e aparência (prenúncios de rugas, olhos cansados, aspereza dos cotovelos e joelhos, envelhecimento e morte rápida das células, cuja conseqüência é a pele que esfarinha, etc.).

Trata-se de detalhes que representam desequilíbrios na aparência geral do corpo, e dos quais trataremos com minúcias nas páginas seguintes. Mas existem aspectos que não se podem abordar isoladamente. Por exemplo: a limpeza da pele, sua harmonia, brilho e maciez como um todo, que é preciso restaurar ou preservar de forma global, por meio de hábitos alimentares sadios, postura e respiração corretas, massagens em áreas específicas para ativar a circulação dos fluidos e, obviamente, as formas de remoção das impurezas superficiais – inclusive os banhos, que também possuem funções calmantes, restauradoras e medicinais.

No entanto, circunstâncias adversas contribuem a cada momento para estragar a nossa beleza ou dificultar a recuperação da graça e do frescor perdidos: as viagens diárias que fazemos ao trabalho em condições às vezes extenuantes, o ar poluído que respiramos, os alimentos desa-conselháveis que não raro nos vemos obrigados a consumir fora de casa e que minam boa parte das possibilidades do êxito que buscamos ao empregarmos a cosmética natural.

Detenhamo-nos, portanto, em alguns desses aspectos, que interessam ao corpo como um todo, embora possam refletir-se em áreas específicas.

Viagens que transtornam

As viagens são sempre um desafio à pele. Curtas ou longas, sempre implicam transtornos como mudança de ambiente saudável, má acomodação, excesso de frio ou de calor, arejamento insuficiente ou exagerado, falta de alimentação saudável, pequenos desequilíbrios emocionais, etc.

O ideal é começar precavendo-se com uma maquilagem completa antes de sair. A primeira providência é incluir, no estojo de cosméticos, pedaços de musselina embebidos em água de rosas. Empregue-os para refrescar a pele do rosto antes de desembarcar. Com isso estará removendo também a fuligem com que nossa civilização "avançada" nos premia.

Numa viagem longa, o ideal é empregar uma maquilagem completa no rosto, olhos e lábios, sem contudo aplicar pó-de-arroz ou algo semelhante. Numa viagem em avião pressurizado, é melhor abrir mão da maquilagem, deixando-a para momentos antes do desembarque, pois, do contrário, a pele ficará meio brilhante e com aspecto desagradável. Nesse ínterim, empregue apenas a musselina aromatizada com água de rosas.

Um bom removedor de maquilagem é um frasco vaporizador contendo água de rosas ou água mineral. Como perfume, os mais refrescantes são a água-de-colônia ou a água de alfazema. Fragrâncias mais exóticas tornam-se desagradáveis sob os efeitos da atmosfera carregada de fuligem de nossas grandes cidades.

Quanto aos cabelos, use o penteado mais simples possível, pois de nada resolve a sofisticação a essa altura dos acontecimentos. Os tratamentos que eles vinham recebendo podem ser retomados com toda a eficácia quando se desembarcar, numa viagem mais longa. Apenas os trajetos diários mais curtos – de ida e volta do trabalho – não impedem a adoção de todo o carinho que se deve dispensar aos cabelos.

Outro ponto de transtorno é a transpiração, no calor ou no frio: no calor porque o corpo precisa manter seu equilíbrio térmico; e no frio porque, ao nos agasalharmos, aquecemo-nos, fazendo com que o organismo acione seus mecanismos para restaurar o equilíbrio.

A maior preocupação deve ser com as roupas íntimas: elas devem ser sempre de algodão, pois tecidos sintéticos são desaconselháveis e seu efeito negativo se agrava com o excesso de calor e a falta de condições ideais de transpiração. Também se aconselha empregar uma camiseta de algodão, qualquer que seja a peça de roupa usada por cima, e levar uma peça desse tipo de reserva na mala, para trocar com aquela que se está usando um pouco antes do desembarque ou até mesmo durante a viagem, dependendo de sua extensão.

Por outro lado, evite calças ou jeans justos, que só contribuem para agravar o desconforto, o mesmo se podendo dizer dos sapatos. Use uma saia e sapatos folgados, que proporcionam maior conforto às pernas e aos pés, sempre as partes mais atingidas nessas situações.

Mas não só a moderação na maquilagem e as peças de vestuário confortáveis ajudam a não comprometer sua aparência saudável: também o estado de relaxamento e o sono, que reduzem o tempo da viagem e até embelezam. Para tanto, tome um copo de leite ou então dois tabletes de cálcio a fim de relaxar. Não tome bebidas alcoólicas, pois dão uma sensação de euforia apenas passageira, seguida de depressão, sobre-carregando, além disso, os rins.

Alimentação nas viagens

Quando se faz uma viagem longa, pode-se ter a certeza de que não vamos encontrar no fim da linha todos os elementos daquele meio ambiente a que estamos acostumados e que satisfazem nosso corpo e espírito, ajudando a preservar a beleza. Tudo muda: a qualidade da água, dos alimentos, e até os índices de poluição.

Um dos problemas com que nos deparamos são os alimentos excessivamente condimentados, que sobrecarregam o organismo com agentes irritantes que, no mínimo, se manifestarão sob a forma de aspereza ou erupção da pele. O melhor a fazer é tomar muita água mineral, consumir carne e peixe grelhados, frutas e verduras frescas, depois de bem lavadas. Outro ponto que não se pode ignorar é a quantidade das refeições: você não deve alterar seus hábitos só porque está "fora de casa" ou se deixar levar pelas influências do clima ou de amigos e conhecidos. Se você toma apenas duas refeições por dia, continue fiel a esse hábito. E assim por diante, sem se esquecer da qualidade, que precisa aproximar-se ao máximo daquela que adotamos no nosso dia-a-dia.

O clima é frio: o que fazer?

Antes de empreendermos uma viagem, é aconselhável saber a que tipos de clima ficaremos sujeitos: Frio? Calor? Sol? Vento?

Se o clima for muito frio, convém amaciar a pele do rosto com um creme umectante, cuja fórmula damos a seguir: misture 1 colher de sopa de azeite de oliva com 1 colher de sopa de iogurte. Espalhe dando palmadinhas sobre a face e pescoço. Aguarde 15 minutos, até secar. Faça a remoção lavando simplesmente com água fria.

Se souber de antemão que vai se expor ao sol quente, leve uma boa loção contra queimaduras. Pode empregar à noite, como preventivo, azeite de oliva quente, espalhando-o com palmadinhas no rosto e pescoço: isso ajuda a contrabalançar os efeitos irritantes da luz solar.

Mesmo as peles oleosas, que se beneficiam da ação dos raios solares, merecem algumas precauções, e uma delas é o emprego de um creme umectante durante o dia. Muitas frutas atuam como umectantes: polpa de melão, morangos esmagados, a parte interna da toranja, suco de limão diluído, suco de abacaxi, polpa de damasco e pepino esmagado.

Para enxaguar o rosto e os cabelos, leve uma garrafa de vinagre de maçã, que empregará diluído em água. O resultado será o equilíbrio da acidez da pele, e seu amaciamento. Se não confiar na água por um motivo qualquer, compre uma garrafa de água mineral.

Gordura não embeleza

O excesso de gordura nos tecidos orgânicos é provocado pela disfunção hormonal, desequilíbrio alimentar, falta de exercícios, etc. E ninguém nega que a gordura não contribui para a beleza, além de ser sempre um peso a mais que se precisa carregar e que pode predispor o organismo a esta ou àquela doença.

Tornar-se esbelta ou conservar a boa forma física é apenas uma questão de método e bom senso que eliminem os exageros, tão desaconselháveis quanto os quilos de gordura que se gostaria de perder. Não precisamos de alimentos ou equipamentos sofisticados. Basta um pouco de tenacidade, para não se afastar da boa dieta, seguir com método os exercícios aconselhados e adotar uma nova atitude em relação às iguarias e ao estilo de alimentação. Senão, vejamos:

Excesso de líquidos: uma das características femininas é a chamada aparência "fofinha", a qual seria melhor descartar, pois ela é apenas conseqüência da retenção excessiva de líquidos. Será preciso, portanto, perdê-los em maior ou menor grau. Para tanto, recorra aos diuréticos com que a natureza nos brindou: as frutas cítricas, entre as quais se incluem os limões, laranjas e toranjas. Um bom método é ingerir uma toranja no desjejum, uma laranja no almoço e um chá de limão durante o dia. No mais, é adotar os alimentos frescos, tomar muita água, evitar doces, amidos, chá, café ou laticínios.

Pessoas que "beliscam": há pessoas que têm a compulsão de comer ("beliscar") entre as refeições, o que reabastece o organismo muito mais do que ele pode consumir – e que por isso ele armazena em forma de gordura. Evite isso iniciando o dia com um desjejum bem reforçado por proteínas (ovos, peixes ou carne), uma fatia de pão integral, café puro ou chá. O almoço pode ser normal. Já o jantar deve ser substituído por algo bem leve, por exemplo, frutas e iogurte.

Refeições maciças: em contrapartida, as duas ou três refeições reforçadas que às vezes se ingerem todo dia deixam de ser consumidas pelo organismo, por causa do excesso que ele recebe de uma só vez, e que vão contribuir igualmente para o surgimento dos depósitos de gorduras. Já que a situação é oposta à anterior, o método deve ser também inverso: comer seis vezes ao dia, mas em pequenas porções, o suficiente para seu consumo pelo organismo. Tomando-se o cuidado de não ingerir menos de 1500 calorias por dia, pode-se parcelar da seguinte forma: um ovo, um pedacinho de queijo; frutas ou hortaliças verdes; pão integral. Introduza as variações que julgar convenientes.

Exigências sociais: muitas vezes, contudo, o trabalho exige certas concessões, sob pena de parecermos antipáticos ou anti-sociais e comprometermos o emprego e a estabilidade, por exemplo. Nesses casos, somos obrigados a seguir o padrão alimentar de pessoas que nem sempre se preocupam com a qualidade ou, se o fazem, também não gostariam de demonstrá-lo em festas ou recepções para não se transformarem em desmancha-prazeres.

Mesmo nesses casos, há dias em que se pode "dar férias" ao organismo: os fins de semana (ou talvez um dia no meio de cada semana), nos quais se deve reduzir ao máximo a ingestão de amidos, gorduras e proteínas de origem animal, dando-se preferência aos legumes frescos, frutas e peixes sem preparo sofisticado.

Falta de exercícios: a vida sedentária é inimiga da saúde, interna e externamente. Andar é bom, correr a trote lento é melhor ainda, mas deve-se evitar excessos quando se decide substituir a inação pela atividade. Não se aconselha forçar o organismo: os resultados seriam inversos.

Para quem não pratica exercícios de forma alguma, as sugestões genéricas são: 25 passos a trote lento, seguido de caminhada normal (100 passos) a cada dia, ampliando-se o número de passos de acordo com o aumento da resistência.

Mas não é preciso sair de casa para dar ao corpo uma boa forma. Pode-se reforçar o abdome, a panturrilha (barriga da perna), as nádegas, o diafragma (músculo que separa a cavidade torácica da abdominal) e os braços, dando ainda ao colo aquela energia e postura que tanto contribuem para a boa respiração. Faça os seguintes exercícios:

a) Deitada no assoalho com as mãos ao longo do corpo, erga simultaneamente as duas pernas para que elas formem um ângulo reto em relação ao tronco. Volte as pernas à posição horizontal enquanto conta até dez, sem pressa. Faça isso dez vezes.

b) Na mesma posição, erga uma das pernas, até formar o mesmo ângulo reto, enquanto a outra fica estendida rente ao assoalho. Baixe-a lentamente, cruzando-a sobre a perna esticada e forçando-a para tocar o piso. Dez vezes com cada perna bastam.

c) Fique agora de pé; com as pernas um pouco afastadas entre si e as mãos na cintura. Dobre o tronco para a esquerda e para a direita alternadamente, mas não torça o corpo. Repita vinte vezes.

d) Também de pé, basta balançar durante alguns segundos um braço e outro, para trás, alternadamente. Repita o exercício com os dois braços ao mesmo tempo.

Comportamento

O apetite devorador de quem parece "ter olhos maiores do que o estômago" resulta muitas vezes de um comportamento primário em relação a tudo o que é comestível: o de simplesmente consumir, sem atentar ao menos para o sabor que cada alimento de preparo simples lhe transmite.

Essa atitude arrasadora – para a despensa e para o organismo – começa a mudar quando mastigamos cada porção com a devida consciência, absorvendo todo o seu sabor, e até mesmo redescobrindo-o.

A mudança para uma atitude saudável em relação a cada prato exige pequenos esforços. Aconselha-se:

a) Mastigue cada porção vinte vezes, no mínimo, e reencontre o paladar perdido. Nada de pressa. O ato de ingerir deve ser consciente e ordenado. Nada de caos; vá por partes, nesta ordem: primeiro o peixe ou a carne, a seguir os legumes e finalmente as frutas. Não faça uma miscelânea na boca. Para apreciar o gosto de cada alimento, engula-o antes de se reabastecer com um novo bocado.

b) A forma com que se servem os alimentos à mesa é importante: travessas grandes sempre induzem ao maior consumo, pois se perde o controle da quantidade ingerida. Disponha antes cada alimento em pratinhos individuais. Nem é preciso dizer que essa recomendação se aplica mais ainda às iguarias ricas em amido: massas, bolos, biscoitos. Evite-os. Quanto aos doces, nem é preciso falar.

c) Evite as tentações. Deixar à vista potinhos de bolacha, biscoitos e outras guloseimas é um meio desnecessário de submeter à prova sua força de vontade. Nunca os deixe ao alcance dos olhos ou das mãos, pois a tentação pode ser mais forte.

Um alimento gratuito: o ar

Depois de colocar tantas restrições às formas de alimentação, lembremos que o ar é um alimento gratuito, embora cada vez menos saudável. A atmosfera das ruas, carregada de monóxido de carbono, nos induz a respirar o mínimo possível, pois temos a impressão de estar respirando gases venenosos. Isso é verdadeiro em parte, mas não deve induzir-nos à respiração superficial, sob pena de não abastecermos nossos tecidos com o volume suficiente de oxigênio – e de vermos comprometida a saúde e a beleza de nossa pele.

Mas nem só o excesso de poluentes gasosos nos impede de ter uma respiração profunda: também a postura errada, que comprime o tórax e o abdome, reduzindo o espaço vital em que o diafragma, o arcabouço das costelas e os pulmões se dilatam, permitindo o ingresso suficiente de ar. Manter a posição vertical e ereta é o mínimo que se exige para o abastecimento ideal de oxigênio. Mas os exercícios são indispensáveis para uma melhor oxigenação. Ei-los:

a) Faça os dois movimentos respiratórios (inspiração e expiração) lenta e profundamente enquanto permanece de pé, com as pernas um pouco afastadas e as palmas das mãos encostadas no ventre. Vá aumentando o ritmo respiratório, sentindo os músculos abdominais se dilatarem e se contraírem de forma cada vez mais perceptível. Retorne à respiração lenta, relaxe e aguarde alguns minutos. Repita.

b) Coloque um travesseiro na mesa, sente-se numa cadeira e apóie os braços cruzados no travesseiro. Mantendo as costas eretas, curve todo o tronco e respire profundamente – isso lhe transmitirá uma deliciosa sensação de relaxamento. Bom exercício para se livrar de um dia de trabalho extenuante.

c) Para encerrar, um exercício com as narinas. Adote uma posição confortável, feche os olhos e mantenha o tronco ereto para dar aos pulmões e ao diafragma o maior espaço possível de funcionamento. Inspire, fechando com o indicador direito a narina do mesmo lado. Inverta o exercício (expire), tapando a narina esquerda com o indicador também do mesmo lado. Por esse processo, expele-se o máximo de toxinas e absorve-se o máximo de oxigênio, que irá ativar as células cerebrais depois de cair na corrente sangüínea e beneficiar todo o organismo – a superfície cutânea, inclusive. E, já que tocamos nisso, um último conselho, não menos importante: sempre que puder, remova toda a maquilagem para fazer os exercícios respiratórios. É que a pele também respira, e esse processo colabora na criação de células novas e na eliminação das velhas. Portanto, as duas respirações (pulmonar e epidérmica) se completam.

E, sempre que possível, fuja da aglomeração – e da poluição – das grandes cidades, para reencontrar o ar mais puro dos campos e das praias, rico em oxigênio.

Um tratamento barato: com água

Boa para o corpo em geral, a água deve fazer parte dos tratamentos de beleza, por meio de seu uso interno e externo. Para ter os olhos brilhantes e a pele clara, tome oito copos de água por dia. Se seus intestinos e rins não funcionam bem, inclua nessa terapia um copo de água gelada ao despertar, Lembre-se de que no calor a desidratação, por mais branda que seja, é uma grande inimiga do bom funcionamento orgânico e, portanto, da pele. É preciso repor o líquido perdido através da transpiração. Um critério genérico que se pode adotar é estabelecer a correlação entre o nível da temperatura e o volume de líquidos perdidos, tirando-se daí a média da reposição aconselhável. Assim, para cada 5, 6º C, deve-se ingerir 1/2 litro de água. Não a substitua por chá ou café, pois os resultados nunca serão os mesmos.

Banho quente e frio: a aplicação externa da água não é menos importante. Ninguém ignora que um banho de chuveiro estimula a circulação, além de renovar as células mortas da pele, o que é uma forma de contribuir para a beleza. Mas esta inovação é importante: entre debaixo do chuveiro quando a água estiver quente, ensaboe-se e, ao se enxaguar, desligue a chave e deixe a água esfriar. Assim completará a operação com um banho frio, sem traumas para a temperatura do organismo. Aqueça-se friccionando bem com uma toalha felpuda. Pode-se adotar esse mesmo processo na banheira.

Quem não tem problema de se resfriar com facilidade pode adotar essa prática para enrijecer os seios: tomar banho de chuveiro ou de banheira, fazendo a temperatura da água variar muitas vezes, do calor para o frio e vice-versa. Também os pés cansados sentem os benefícios desse tratamento.

Depois do banho: ao sair do chuveiro ou da banheira, trate a pele com o carinho que ela merece. Nada de fricções, embora elas sejam aconselháveis na etapa anterior ao banho (falaremos disso mais adiante). Envolva-se num robe bem absorvente ou numa toalha felpuda. Dê apenas palmadinhas em toda a superfície da toalha, até enxugar-se. Se preferir, passe óleo infantil em toda a pele, dando especial atenção a pontos críticos como os joelhos, cotovelos e vãos entre os dedos.

Não se vista de imediato: relaxe-se, dando ao corpo tempo suficiente para ele voltar à temperatura normal, pois o contato com os tecidos pode ser irritante. E, para completar a deliciosa sensação que traz a beleza natural, passeie nua pela casa ou apartamento, depois do banho, sempre que puder.

Banhos enriquecidos: a hidroterapia pode ter efeitos ainda mais estimulantes quando se emprega a cosmética natural. É aí que entram os banhos enriquecidos, que devem ser precedidos de todo um ritual de preparativos agradáveis, que variam de acordo com o tipo de pele e os efeitos almejados.

Caso sua pele apresente aquele tom amarelado resultante de um bronzeamento que já se perdeu – ou se seu tecido epidérmico for áspero e meio pardacento –, prepare-se para o banho fazendo fricções com sal marinho ou sais de Epson (sal amargo).

Ao fim de um dia de trabalho ou de uma viagem de ônibus ou metrô lotados, caso sinta uma espécie de febre e irritação na pele, friccione-a com uma solução composta de duas partes de água e uma parte de vinagre.

Para pele dolorida e seca, faça um mingau de aveia, despeje-o num lenço de algodão, amarre as pontas formando uma almofadinha e passe-o várias vezes por todo o corpo.

Quem tem pele seca e fraca, ou pretende prolongar os efeitos do bronzeamento, deve untar o corpo com óleo de milho e permanecer vários minutos num local quente, para que o óleo penetre na pele, amaciando-a.

Para ativar a circulação e eliminar em parte as células velhas, use uma bucha ou esponja de fibra natural seca. Não empregue a bucha vegetal quando muito nova nas áreas mais delicadas do corpo, pois a fricção poderá ferir, em vez de beneficiar a epiderme. Ao friccionar com uma bucha velha a seco, você irá sentir um formigamento na pele, o que é um sintoma de ativação do sangue.

Depois de recorrer a qualquer desses cinco métodos, tome um banho, que pode ser simples ou enriquecido com óleos e substâncias aromáticas.

Espalhe 1 colherinha de óleo para bebê na água quente da banheira; ele se distribui uniformemente e adere da mesma forma sobre sua pele, ao sair do banho. Pode fazer o mesmo com 1/2 xícara de leite, tomando nesse caso o cuidado de aumentar a dosagem de substâncias aromáticas para neutralizar o cheiro do leite. Outra sugestão é adicionar 1 colher de chá de óleo bronzeador à água quente. Para perfumar o banho, empregue alecrim, camomila, manjericão ou amora-preta. Mas não diretamente, claro. Os preparativos devem ser feitos com bastante antecedência, deixando-se de molho 1 colher de sopa de qualquer das folhas dessas plantas em água quente para se obter o chá aromático.

Ao fim de 15 minutos, coa-se, jogam-se as folhas e despeja-se o chá na banheira de água quente.

Se estiver com pressa, adote outro expediente: coloque as folhas num saquinho de gaze, amarre-o, coloque-o na banheira, abra a torneira de água quente e faça fricções na pele enquanto a erva curte.

Os óleos aromáticos são outro ingrediente importante dos banhos enriquecidos. Os de gerânio, cravo ou hortelã-pimenta, sozinhos ou em conjunto, dão resultados dos quais não se deve abrir mão. O óleo de cravo transmite um aroma especialmente sensual, ao passo que o de hortelã-pimenta é muito refrescante.

Quanto aos sabonetes, convém que não sejam perfumados nem espumem demais. Os sabonetes infantis são aconselháveis por serem neutros e não provocarem irritações na pele. Mas podem-se dispensar os sabonetes, bastando substituí-los por um punhado de aveia ou por uma pasta de farelo de cereais.

Exercícios aquáticos: a hidroterapia traz benefícios para os quadris, cintura, abdome, nádegas, coxas, seios e, tórax.

Esse exercício é bom para os quadris e cintura: deitada na banheira cheia d'água, descanse a nuca e a cabeça na borda da banheira e mantenha o tronco erguido, sustentado pelos antebraços e pés. Nessa posição, o dorso fica numa meia curvatura. O restante fica bem na horizontal. As pernas mantidas na posição vertical formam um ângulo agudo em relação às coxas. Não apóie a parte inferior do dorso, a cintura ou as nádegas nos antebraços ou mãos. Movimente os quadris devagar, da esquerda para a direita e vice-versa, sem apoiá-los. Conte até vinte e pare.

Para o ventre, as coxas e as nádegas, faça o seguinte exercício: com a cabeça apoiada na borda da banheira cheia d'água, o tronco e os antebraços estendidos no fundo, apóie os dois pés na extremidade oposta da banheira. Dobre a perna direita em direção às nádegas, o máximo que puder, e depois estenda-a, voltando à posição original. Faça o mesmo com a perna esquerda. Continue, alternando as pernas, até completar dez contrações e extensões das pernas.

Para os seios e tórax: encha a banheira até que a água cubra o seu busto. Entre e deslize, apoiando da mesma forma a nuca e a cabeça na borda oposta à da torneira. Erga as pernas firmando os pés na outra borda, de tal forma que os dedos e os joelhos fiquem um pouco acima do nível dos ombros, fora da água. Estenda os braços mantendo-os à tona, volte as palmas das mãos para baixo e faça com estas e os braços movimentos sucessivos, para baixo e para cima, tocando o fundo da banheira e voltando à superfície. Dez vezes bastam.

Em busca do frescor sonhado

Mesmo os banhos aromatizados às vezes não proporcionam aquela sensação de frescor duradouro. Costuma-se então recorrer aos desodorantes artificiais, por dois motivos: primeiro, porque os odores incomodam; e segundo, porque somos induzidas pela propaganda ao consumo desta ou daquela nova marca milagrosa. Os milagres não se operam, e no entanto damo-nos por satisfeitas, ou porque conseguimos disfarçar com este ou aquele desodorante os efeitos desagradáveis da transpiração, ou porque nos convencemos de haver feito o máximo possível.

Porém, podemos obter resultados bem melhores, até perfeitos, quando tratamos a transpiração como um problema global, que não se consegue eliminar com paliativos. Um desodorante natural, uma alimentação mais à base de verduras e roupas leves são a fórmula do êxito. A obstrução dos poros com cosméticos artificiais não é solução para o sonhado frescor.

Alimentos indesejáveis: a clorofila contida nas hortaliças folhosas que ingerimos contribui para eliminar o mau hálito. Inversamente, o excesso de carnes ou de alimentos gordurosos em nossa alimentação é o fator que mais contribui para o mau hálito – e para um problema bem mais profundo, o dos suores desagradáveis. Reduzir as carnes gordurosas e os temperos muito fortes, substituindo-os pela salsa, hortelã-pimenta, agrião e outros, de gosto pronunciado e aroma estimulante, é um bom meio de preservar a saúde e não viver o incômodo representado pela sensação freqüente de que "não se está cheirando bem".

Mas a receita não pára aí. Convém tomar muita água e ingerir, todo dia, uma xícara de chá de salva. Faça assim: pique as folhas até obter 1 colher de sopa bem cheia e deixe-as ferver alguns minutos em água. Coe, jogue fora as folhas e beba, dando início assim a uma nova fase na luta contra o odor desagradável de certas áreas do corpo.

Roupas que prejudicam: os tecidos sintéticos abafam o suor, criando o meio ambiente ideal para a proliferação das bactérias que contribuem para o mau cheiro das axilas e da área pubiana. Nem seria portanto necessário dizer que as peças íntimas devem ser todas de fibras naturais: sutiãs, calcinhas, etc. A recomendação se aplica, obviamente, a toda peça que estiver em contato com a pele: as blusas, por exemplo. O ideal seria abrir mão de toda peça de vestuário feita com fibra sintética.

Os mesmos conselhos que se aplicam às axilas servem para a região pubiana, que precisa ser bem lavada e protegida – não "asfixiada" – por peças de algodão. Os *jeans,* tão em voga, que comprimem toda a área do baixo-ventre, também "asfixiam", quando usados com calcinhas de náilon.

Sempre bela no trabalho

Se é certo que o trabalho enobrece, não é menos verdadeiro que a viagem cansativa feita às vezes em condições incômodas para se chegar até ele, aliada ao próprio ambiente de nossas ocupações, provoca abatimentos físicos que se refletem em nossa epiderme.

Mas a preocupação com o trabalho não deve impedir que a mulher dedique atenção a esse aspecto fundamental de si mesma: a boa aparência, apesar dos excessos do calor ou do ar condicionado, da poeira, dos ruídos, das tensões.

Antes de tudo, é preciso adotar uma atitude interior positiva para usufruir do prazer tão natural de se sentir bela em qualquer circunstância. A partir daí ninguém considerará um sacrifício levantar-se meia hora antes para se maquilar e fazer um penteado simples adequado para a jornada de trabalho.

A segunda parte da providência é munir-se de alguns artigos de toucador bem simples: uma escova de cerdas naturais, um sabonete neutro, um frasco de água de rosas, lencinhos de algodão bem macios, água-de-colônia, talco, dentifrício, escova dental e, se quiser, um estojinho para unhas.

Chegue um pouco antes ao local de trabalho para passar esses minutos no toalete escovando os cabelos, retocando o batom (caso o use) e refrescando-se com uma leve aplicação de água-de-colônia. Ao fazer o retoque da maquilagem na hora do almoço, não cometa o engano de sobrepor camadas de pó-de-arroz, que servirão apenas para prejudicar a pele e a aparência. Se perceber que o nariz ficou oleoso, aplique uma leve camada de pó, mas só depois de limpar a pele com água de rosas. Quanto a escovar os dentes após as refeições, nem é preciso falar: isso também proporciona uma sensação de frescor.

Algum preparo físico: a boa maquilagem opera milagres, principalmente quando vem aliada a um certo preparo físico. Quem fica sentada horas inteiras exerce muita pressão sobre as nádegas. Quem datilografa pode adquirir vícios de postura que, de uma forma ou de outra, não contribuem em nada para a saúde, por exemplo, das nádegas, coxas e busto.

Mas há três exercícios para combater os efeitos negativos de certas posições no trabalho. Ei-los:

a) Retire a almofada da cadeira, sente-se, apóie os pés no chão e contraia os músculos das nádegas o máximo que puder. Mantenha essa posição durante 6 segundos.

b) Sente-se e apóie as mãos e os pulsos pousados na escrivaninha, abra as pernas o suficiente para segurar entre os pés o cesto de lixo. Aperte o cesto ao máximo, com os dois pés, durante 6 segundos. Esse exercício reforça os músculos da área interna das coxas.

c) Também sentada, em posição ereta, com a cabeça erguida e os olhos fixos numa pilha de livros sobre a escrivaninha, coloque uma mão de cada vez junto à pilha e pressione para baixo durante 6 segundos. Repita o exercício com a outra mão e relaxe-se.

Aquele sono restaurador

Dormir muito não significa dormir bem. Um sono de oito horas pode ser menos repousante do que um sono de sete horas ou até menos. A forma como o corpo e a mente relaxam nesse período é importante para se despertar "novinha em folha", pronta para as obrigações e as alegrias de um novo dia. Mas as tensões, opressões e ansiedades causam sono insuficiente, e, o que é pior, a insônia. A conseqüência da manhã seguinte serão olhos cansados, pele macilenta sintomas de esgotamento que só uma boa maquilagem consegue disfarçar. A beleza precisa ter raízes profundas, e o sono é indispensável para isso. Pode-se consegui-lo por meio de uma boa alimentação, banhos, exercícios de ioga, devaneios e fragrâncias relaxantes. Nada de pílulas e comprimidos soporíferos.

a) Tome 1 ou 2 copos de leite adoçado com 1 colher de mel antes de se deitar, pois o cálcio e o magnésio neles contidos ajudam a relaxar e induzem ao sono. Dois tabletes de cálcio ou 1 xícara de chá de camomila também resolvem. As alternativas eficazes são o licor de hortelã-pimenta, o chá de folhas de hortelã ou algumas folhas de alface (mastigue-as simplesmente).

b) Tome um banho quente, de preferência com ervas aromáticas adicionadas à água numa bolsinha de musselina. Pode-se ainda recorrer à essência de rosas, cujos vapores induzem ao sono. Saia do banheiro vestida, direto para a cama – que deve estar aquecida – e tome o leite com mel, os tabletes de cálcio, o chá ou licor de hortelã-pimenta.

c) Relaxar com um exercício de ioga, momentos antes de se deitar, é um bom preparativo para conciliar o sono. Deitada no chão, estenda as pernas e deixe os pés um pouco afastados, com as pontas voltadas ligeiramente para fora, na posição mais natural possível. Respire bem fundo, vá relaxando enquanto cria a sensação de que todo o seu corpo se torna mais pesado e parece iniciar um mergulho abaixo da superfície na qual se sustenta. Você notará que esse exercício lhe trará gradualmente uma grande sensação de calma.

d) Uma vela acesa sobre a mesa produz efeitos hipnóticos. Sente-se diante dela, fite a chama, procure esquecer-se do ambiente que a rodeia: sinta apenas o calor, a cor, o cheiro e a forma da chama. O estado de sonolência virá pouco a pouco.

e) Conversar com o travesseiro não é uma boa forma de se "desligar" das preocupações. Em contrapartida, enriquecê-lo com uma bolsinha de flores aromáticas tem um ótimo efeito. Escolha as plantas de sua preferência (pétalas de alfazema, verbena e rosas), misture-as e esmague-as bem. Coloque numa bolsinha de musselina, costure-a, introduza-a na fronha e deite-se. Os perfumes calmantes não tardarão a fazer efeito.

f) O devaneio – essa forma de sonhar acordado – é muito bom para trazer o sono, desde que não suscite emoções. Ainda com a luz acesa, deixe o olhar percorrer distraidamente o quarto, detendo-se nas lembranças agradáveis que cada objeto lhe suscita. Essa evocação de boas experiências tende a preencher o espaço de nosso cérebro que as preocupações das horas anteriores se obstinam em ocupar.

g) A aparência de cansaço nem sempre é uma justificativa válida para não se praticar amor como prelúdio a um sono reconfortante. Nem as preocupações do dia anterior, nem as do dia que virá, devem ser motivo para impedir o contato físico. Aliás, a prática do sexo tem este aspecto benéfico: é uma vitória sobre as tensões passadas e vindouras.

Mas, qualquer que seja o estilo que se adote em busca do sono restaurador, uma coisa deve ficar bem clara: nada funcionará a contento quando se ouve música barulhenta, vêem-se programas excitantes na televisão ou quando a pessoa se dedicou momentos antes a leituras que ativaram demasiado as funções cerebrais: ou se tem insônia, ou se acorda cansada.

Aquele bronzeado encantador

Um bronzeado perfeito não depende apenas de uma exposição ao sol, no fundo do quintal, numa piscina, na praia ou no campo, com a ajuda de um creme ou loção específicos.

Para se obter um belo tom moreno, deve-se pensar que a pele é apenas um componente do corpo, uma espécie de espelho do organismo, e que portanto não basta preocupar-se apenas com ela.

Os preparativos para a operação de bronzeamento precisam começar com um mês de antecedência, por meio do reforço da dieta mais conveniente. É preciso aumentar a ingestão diária de alimentos que ajudarão sua pele a reagir bem à ação do sol: tomates e cenouras (ricos em vitamina A), leite e queijo (ricos em cálcio), fígado e iogurte (ricos em vitaminas do complexo B) e óleos vegetais.

Consegue-se um bronzeamento melhor quando se consome, todos os dias, uma boa salada temperada com óleo vegetal, arrematada com iogurte natural e cenoura ralada.

Os cuidados externos são também relevantes: reforce seu banho diário com óleo de milho para lubrificar melhor a pele. Aplique ainda generosamente sua loção umectante natural nos pontos mais vulneráveis, como a área entre os seios, o pescoço, ombros, braços, pés e curva das pernas. Procure ficar ao sol o máximo que seu tempo e estilo de vida permitirem, como providência preliminar para o bronzeamento na praia.

Na praia, evite a formação de um bronzeado com manchas; consuma muitas laranjas, ricas em vitamina C. Não se esqueça também de continuar ingerindo alimentos oleosos e os que contenham vitamina A.

De qualquer forma, é bom lembrar que há peles mais, ou menos, sensíveis ao sol. No primeiro caso, é necessário aplicar uma loção protetora. Bronzeie-se pouco a pouco, expondo-se durante 5 ou 10 minutos no princípio, para ir aumentando gradualmente até chegar aos 30 minutos. Cada vez que sair da água para tomar mais sol, torne a aplicar a loção bronzeadora. Exponha-se apenas ao sol da manhã e do final da tarde. Toda vez que voltar para casa, umedeça os lábios com mel e o rosto com iogurte, dando palmadinhas na pele. Enxágüe daí a alguns momentos. Caso sinta dores – que podem ser ameaças de queimaduras – em alguns pontos, passe batata ralada, pepino esmagado, vinagre diluído ou um chá bem forte nessas áreas.

De outra parte, esta advertência é importante: quem pretende bronzear-se profundamente com uma curta permanência no litoral só consegue sofrer queimaduras. Se a permanência for curta, contente-se com um bronzeado leve, que embeleza; caso contrário, só conseguirá obter resultados desagradáveis.

Outro ponto a destacar é a diferença que existe entre as mulheres que usam pílulas ou outros medicamentos e as que não o fazem. As primeiras são muito mais sensíveis aos raios solares, precisando portanto precaver-se ainda mais. Em contrapartida, quem toma anticoncepcionais bronzeia-se com maior facilidade.

A água do banho depois da exposição ao sol deve ser morna, para remover sem problemas os óleos aplicados. Depois dessa remoção, faça uma nova aplicação, com um óleo bem leve, sem cometer exageros, pois o excesso pode dar origem à formação de bolhas sob a epiderme.

Alguns cuidados a ajudarão a manter o bronzeado. Claro que o rosto pode ser o primeiro a descascar, porque recebeu geralmente mais sol do que outras partes do corpo. Mas isso não deve impedi-la de prosseguir o tratamento, externo e interno: faça massagens com óleo para manter a pele sempre suave, evite aplicar maquilagem logo em seguida, limitando-se a umectantes como cenoura ralada, banana esmagada, gema de ovo e óleo; além disso, reforce a dieta com laranjas, fígado e rins.

Massagens, o estímulo indispensável

Para amaciar a pele, descontrair o corpo e revitalizá-lo, nada melhor do que a massagem. Mesmo que ela não emagreça, trará benefícios à pele e à circulação sangüínea. Mais importante que tudo: você própria pode massagear-se. Tudo o que precisa é de um óleo específico, um quarto aquecido e uma toalha de banho.

Prepare o óleo juntando 4 cravos e a casca de 1/2 limão a 1 xícara de óleo de milho. Deixe de molho umas 12 horas, retire os ingredientes sólidos e aplique.

Primeiro, prenda os cabelos numa touca de banho. Estenda a toalha no piso, fique nua e sente-se. Aplique o óleo nas coxas, faça uma massagem vigorosa, da parte superior para os joelhos, e elimine o excesso de óleo.

Despeje mais um pouco de óleo nas palmas das mãos. Friccione os braços, da área dos ombros para a ponta dos dedos, dando especial atenção às mãos. Não se esqueça de massagear os vãos dos dedos e as unhas.

Completada essa parte, fique de joelhos e massageie vigorosamente o ventre: movimente a mão direita a partir do lado esquerdo; movimente a mão esquerda a partir do lado direito. Ao encontrar um ponto onde haja depósitos de gordura, atue sobre ele com os nós dos dedos. A seguir, faça pequenas dobras em forma de S no tecido adiposo empregando o polegar e o dedo indicador das duas mãos.

Ainda na posição ajoelhada, aplique massagens circulares nas nádegas e comprima-as, ponto por ponto, com os nós dos dedos. Aplique mais óleo, agora da cintura até o busto, fazendo movimentos ascendentes.

A seguir, de pé, massageie com as duas mãos as áreas laterais da coluna em toda a sua extensão, começando de baixo e indo até o ponto mais próximo possível dos ombros.

Então será a vez dos pés. Apóie um de cada vez numa cadeira e friccione o óleo nos vãos dos dedos. Faça movimentos circulares no peito do pé e dê pancadinhas sucessivas nas pernas, em direção aos joelhos. Repita a operação no outro pé.

A essa altura, você fez um ótimo exercício com os braços, conferiu equilíbrio às áreas de pressão do tronco e membros, e lhes deu as condições ideais de repouso. Assim descontraída, elimine o óleo excedente, estenda a toalha na cama e tire uma soneca; ou, então, prepare um banho aromático e morno. Delicie-se com ele.

Também existem massagens específicas, mas disso trataremos nos capítulos correspondentes a cada área distinta do corpo.

Agora, duas fórmulas específicas de **chás para emagrecer:**

Cerejeira com rosas

- 1 punhado de pétalas de rosa
- 1 punhado de talos de cerejeira
- 1 punhado de folhas de alcachofra
- 1 punhado de cabelo de espiga de milho

Deixe tudo em infusão em 1 litro de água. Tome 2 xícaras desse chá por dia.

Taraxaco com alecrim

- 1 colher de chá de taraxaco
- 1 colher de chá de alecrim
- 1 colher de chá de funcho

Despeje 1/2 litro de água fervente sobre essas ervas e tome 2 xícaras por dia.

> Para ter um **banho emagrecedor**:

Taraxaco com camomila

- 4 colheres de sopa de taraxaco
- 4 colheres de sopa de camomila
- 4 colheres de sopa de cavalinha

Faça uma infusão bem forte em 2 litros de água quente. Coe e despeje na água quente de seu banho. Massageie as áreas que pretende reduzir.

> Para preparar **banhos enriquecidos**:

Alfazema com água de rosas

- 5ml de óleo essencial de alfazema
- 12 colheres de flores frescas de alfazema
- 1/2 l de conhaque
- 30ml de água de flor de laranjeira
- 30ml de água destilada
- 30ml de água de rosas

Para começar, despeje o conhaque nas flores de alfazema, em recipiente de vidro ou de louça, e deixe de molho durante três dias. Coe bem e adicione a água destilada, a água de rosas, a água de flor de laranjeira e o óleo de alfazema. Agite bem, despeje numa garrafa e arrolhe. Empregue o volume que preferir.

Bolsinhas de aveia

- 100g de aveia

Faça bolsinhas de gaze, encha-as de aveia e costure. Umedeça-as com a água do banho, friccione e enxágüe. Pode empregar as mesmas bolsinhas mais de uma vez. A fricção, aliada ao cereal diluído, remove as impurezas da pele.

Ervas sortidas

- 1 colher de folhas secas de hortelã-pimenta, erva-cidreira, louro, tomilho, alecrim, manjerona, alfazema e losna

Despeje todas as ervas em 2 litros de água e deixe ferver em fogo brando durante dez minutos. Retire do fogo, coe e junte-lhe 1/2 garrafa de conhaque. Despeje um pouco de cada vez no banho quente.

Óleos com conhaque

- 1 copo de conhaque
- 2ml de óleo essencial de alfazema
- 5ml de óleo essencial de tomilho
- 2ml de óleo essencial de manjerona

Despeje os óleos no conhaque, coloque numa garrafa, tampe e agite. Dilua apenas 1 colher de chá dessa mistura na água quente de seu banho. Sua oleosidade não é excessiva.

Tomilho com alfazema

- 10g de tomilho
- 10g de alfazema
- 10g de alecrim
- 10g de manjerona
- 10g de salva

Misture todas as ervas e use 3 colheres de sobremesa para 1 litro de água quente. Deixe de molho, coe e engarrafe. Despeje 1 xícara dessa decocção na água do banho.

Se adicionar um pouco de conhaque ao líquido engarrafado, ele durará duas semanas na geladeira.

> Para tomar **banhos de sol**:

Alfazema com oliva

- 5ml de óleo essencial de alfazema
- 40ml de azeite de oliva
- 40ml de óleo de coco

Coloque a mistura numa garrafa e agite bem.

Gergelim com oliva

    35ml   de azeite de oliva
    60ml   de óleo de gergelim
    Algumas gotas de óleo de bergamota

Basta colocar a mistura numa garrafa e agitar.

Manteiga de cacau com bergamota

    30g   de manteiga de cacau
    Algumas gotas de bergamota
    30ml   de óleo de coco

Primeiro, derreta juntos a manteiga de cacau e o óleo de coco. Retire do fogo e adicione o óleo de bergamota, batendo bem até esfriar. Esse óleo dá um bronzeado profundo.

Os Cabelos

Os cabelos podem ser normais, secos, oleosos ou quebradiços; abundantes ou rarefeitos; louros, castanhos, pretos ou grisalhos; e com caspa ou não. Para cada uma dessas situações, há sempre uma ou mais fórmulas eficazes. Como mostraremos adiante, evitar a queda dos cabelos é muitas vezes uma questão de cuidados e dedicação.

Cabelos secos

O que faz uma pessoa ter cabelos secos? Isso se deve ao fato das glândulas sebáceas, implantadas nos folículos (raízes) capilares, não possuírem capacidade suficiente de lubrificação. O problema se agrava quando a pessoa possui cabelos longos. Basta imaginar qual a quantidade de óleo secretado pelas glândulas que seria necessária para conferir maciez aos cabelos das raízes até as pontas.

A primeira providência é adotar uma dieta que contenha todos os alimentos capazes de ativar o funcionamento das glândulas sebáceas. Especialistas no assunto recomendam tomar de quatro a seis tabletes de levedura de cerveja por dia. A isso se deve acrescentar germe de trigo, óleos vegetais, fígado e rins. Quem quiser fazer uma concessão às bebidas alcoólicas deverá tomar cerveja preta, que contém muita vitamina B.

É preciso massagear diariamente o couro cabeludo a fim de estimular a circulação sangüínea e a distribuição das substâncias graxas: faça movimentos circulares na cabeça com as pontas dos dedos, de modo a movimentar a pele.

Outra providência é usar cabelos curtos, pois a lubrificação é ineficaz nos cabelos longos. A propósito, convém lembrar que os cabelos crescem uma média de 2,5 centímetros por mês, podendo-se dessa forma avaliar a idade de um cabelo, suponhamos, de 50 centímetros.

Para restaurar a maciez dos cabelos secos, aplicam-se preparados antes ou depois da lavagem com um xampu meio ácido, rico em proteínas. Deve-se também lavar os cabelos apenas uma vez por semana, e escová-los com energia tantas vezes quantas for possível.

O germe de trigo é ótimo para os cabelos. Aqueça cinco colheres de germe de trigo e espalhe bem entre os cabelos. Coloque uma touca de plástico para aquecer o couro cabeludo e envolva a cabeça com uma toalha. Aguarde meia hora, no mínimo, e lave com xampu.

Outros ingredientes indispensáveis são os óleos: de soja, de amendoim, de oliva ou de milho. O azeite de oliva é empregado há séculos no tratamento dos cabelos secos.

A maionese é outro preparado importante. Aplique-a, aguarde pelo menos 30 minutos para ela penetrar bem no couro cabeludo, lave com xampu e enxágüe.

Como xampu, empregue um sabonete de ervas, de óleo de coco, de óleo de cacau ou de azeite de oliva, enriquecido pelos seguintes ingredientes, que se devem adicionar ao líquido correspondente a uma garrafa: 1 colher de sopa de gelatina incolor; 1 ou 2 ovos inteiros; 1 colher de chá de leite, e 1 colher de vinagre de maçã.

O vinagre pode muito bem entrar no enxágüe final, em proporções até maiores: 2 colheres de sopa. Ele amacia os cabelos e elimina os traços de gordura que sobrarem depois de aplicado o xampu. Sucos de frutas ácidas podem ser também adicionados com êxito à primeira água de enxágüe, pois amaciam os cabelos, tornando-os sedosos e maleáveis.

Embora você mesma possa criar suas fórmulas, damos aqui cinco sugestões de preparados para a pré-lavagem e uma para a lavagem, acrescidas de dosagens para os enxágües.

> **Pré-lavagem:**

Azeite com mel

    3 partes   de azeite de oliva
    1 parte   de mel

Misture os ingredientes e deixe descansar durante 1 dia. Agite e aplique ao couro cabeludo e aos cabelos antes da lavagem. Coloque uma touca de plástico. Aguarde 30 minutos. Lave duas vezes com um xampu adequado, massageando bem. Adicione suco de limão ou vinagre de maçã à água do enxágüe final.

Azeite com ovos

    1   colher de sopa de azeite de oliva ou óleo de milho
    2   ovos batidos
    1   colher de sopa de glicerina
    1   colher de vinagre de maçã

A forma de preparo e de aplicação é idêntica à anterior. Não se deve abusar deste preparado porque ele contém glicerina, que, como vimos, pode, a médio prazo, contribuir para ressecar os cabelos.

Alecrim com óleo

    1   colher de sopa de folhas secas de alecrim
    1   xícara de óleo de milho

Coloque os ingredientes num frasco com tampa de enroscar, feche bem, agite e deixe ao sol durante dois dias. Coe e empregue como indicado acima. Lave os cabelos com um xampu suave, penteie-os e enxágüe com uma infusão de alecrim ou de camomila se eles forem escuros ou louros, respectivamente. Basta preparar uma infusão bem concentrada numa xícara de chá, coar e despejar na água para a lavagem final.

Óleo quente

    1   xícara de óleo de milho,
        de rícino ou de azeite de oliva

Aqueça o óleo e aplique como indicado na primeira receita, mas exponha-se ao sol para aquecer a cabeça e facilitar a penetração do óleo nas raízes. Lave com um xampu específico e enxágüe.

Abacate

    1   abacate

Esmague bem o abacate e aplique-o nos cabelos e no couro cabeludo, massageando vigorosamente durante 5 minutos. Coloque uma touca de plástico para aquecer mais. Lave com um xampu não-alcalino. Adicione 2 colheres de chá de suco de limão (cabelos louros) ou 2 colheres de chá de vinagre de maçã (cabelos escuros) a 1 litro de água para a lavagem final. Seque bem com a toalha.

Lavagem:

Gemas batidas

    2   gemas de ovos
  1/4 de xícara de água morna

Bata as gemas com a água e massageie o couro cabeludo. Aguarde 30 minutos, ou mais, para que a gema penetre bem. Coloque uma touca de plástico. Lave com água morna enquanto vai massageando. Não empregue sabonete ou xampu, pois as gemas funcionam como xampu. Enxágüe, até eliminar todo o cheiro de ovo.

Cabelos oleosos

Os tratamentos indicados para a pele oleosa aplicam-se muito bem aos cabelos oleosos. Obtém-se o máximo de eficácia usando os mesmos vapores que são tão benéficos à pele. Siga as mesmas instruções, cobrindo, porém, a cabeça com uma toalha grande, para maior retenção dos vapores e sua atuação mais perfeita até a raiz dos cabelos, que nesse caso devem estar bem secos e escovados.

Outras duas práticas ajudam a combater a oleosidade excessiva: lavar com freqüência (às vezes, todos os dias) e escovar os cabelos, se possível uma vez por dia.

Ninguém ignora que a seborréia – o excesso de substâncias graxas na raíz dos cabelos – é um aliado de outros fatores, como a hereditariedade e os hormônios, que contribuem para a queda dos cabelos. Eis portanto três fórmulas de loções específicas para evitar a seborréia e a queda dos cabelos:

Rum com casca de quina

25g	de casca de quina
25ml	de óleo de rícino
20ml	de rum
100ml	de álcool
100ml	de água-de-colônia

Deixe a casca de quina de molho no álcool durante três dias e coe a seguir. Adicione os demais ingredientes, aplique no couro cabeludo duas vezes por semana e lave com um xampu meio alcalino.

Arnica com flor de laranjeira

5ml	de tintura de arnica
60ml	de álcool
1g	de bálsamo de quina
3ml	de tintura de alecrim
5ml	de água de flores de laranjeira
60ml	de álcool

Misture os ingredientes e aplique como na receita anterior.

Arnica com óleo de alecrim

10ml	de tintura de arnica
2 gotas	de óleo de alecrim
30ml	de água destilada
1 gota	de bálsamo de quina
60ml	de álcool

Prepare e aplique como na receita acima. Trata-se de uma loção suave, de fragrância acentuada, para pele mais delicada.

Lavar e escovar bem os cabelos ajuda muito a combater a oleosidade, mas não basta. Não se esqueça de que o excesso de acidez do revestimento do couro cabeludo é o maior estímulo para o funcionamento das glândulas sebáceas. Isso não quer dizer, contudo, que se deva abolir por completo os ingredientes ácidos, pois estes são indispensáveis à proteção da pele contra as bactérias.

Outro fator que estimula o funcionamento das glândulas é a fricção. Deve-se portanto aplicar o xampu despejando-o primeiro nas mãos e espalhando-o suavemente entre os cabelos, sem massagear. O mesmo conselho se aplica à lavagem, que deve ser feita da base para as pontas dos cabelos sem esfregar muito.

Reforce seu xampu com uma infusão de alecrim: coloque 1 colher de folhas secas de alecrim numa xícara de água fervente. Deixe esfriar, coe e use.

Depois de lavar, enxágüe os cabelos em água fria enriquecida com 1 colher de vinagre de maçã ou suco de limão, para eliminar o sabonete e restaurar o revestimento ácido que protege os cabelos.

Para combater o excesso de oleosidade do cabelo, há uma outra alternativa: adicione 1 colher de chá de sal marinho a cada 50ml de xampu. Lave com água morna. Não se preocupe se fizer pouca espuma. Mesmo assim, seu cabelo ficará bem limpo.

Adicionar suco de limão à água do último enxágüe também ajuda a reduzir a oleosidade do cabelo, além de torná-lo brilhante. Essa medida, no entanto, clareará ligeiramente o cabelo. Uma colher de chá de vinagre adicionada à última água do enxágüe constitui também uma boa fórmula para proporcionar mais brilho ao cabelo.

Eis um preparado que você pode alterar com base nas sugestões acima:

Xampu de ervas

150g	de sabão de óleo de oliva
1 l	de água destilada
3	colheres de chá de salva

3 colheres de chá de alecrim
3 colheres de chá de tomilho
3 colheres de chá de milefólio
3 colheres de chá de urtigão

As ervas devem ser frescas. Se empregar as secas, reduza a dosagem à metade. Prepare a infusão das ervas com água destilada. Coe e adicione o sabão, ralado, leve ao fogo brando e deixe ferver, mexendo sempre, até a água clarear. Retire do fogo e bata até a mistura ficar macia. Coloque num frasco de vidro e tampe.

Há também as **lavagens a seco**, que substituem os xampus ou sabões. Eis duas fórmulas:

Giz com talco

2 partes de talco
1 parte de giz

Misture bem, polvilhe os cabelos fazendo o pó penetrar até o couro cabeludo e aguarde alguns minutos. Escove bem para remover completamente o pó.

Loção de hamamélis

Pode-se empregar a loção de hamamélis
ou a água de rosas

Embeba um tecido de algodão na loção, reparta bem os cabelos, para expor ao máximo o couro cabeludo parte por parte, e esfregue sem friccionar muito. Completada a operação, deixe secar e penteie.

Caspa

A caspa está geralmente associada aos cabelos secos, embora também ocorra em cabelos oleosos. Os adolescentes são muito afligidos por esse incômodo, por causa do excesso de hormônios andrógenos.

Uma forma de contribuir para a eliminação das caspas é evitar alimentos que acelerem esse processo: frituras, gorduras animais e chocolate. A morte acelerada, o esfarinhamento e a queda das células do couro cabeludo são o indício de que nem tudo vai bem nesse área da cabeça, e que as causas podem ser mais profundas.

A morte das células é um fenômeno natural. Na medida em que novas células vão se formando nas camadas inferiores da pele, a camada externa elimina as velhas, em maior ou menor grau. Esse processo de esfarinhamento ocorre em todo o corpo, daí a necessidade dos banhos e das fricções com toalha para sua remoção. Como a cabeça não recebe esse tratamento diário, surge aquela desagradável descamação toda vez que se escova ou se penteia os cabelos.

Mas também os *sprays*, as geléias fixadoras e outros produtos comerciais aceleram a formação da caspa em vez de combatê-la, mesmo que os fabricantes digam o contrário. A mudança de coloração da caspa, do branco para o amarelo, constitui o ponto crucial desse processo. Aí não se podem protelar medidas corretivas.

Para tomar as providências necessárias, devemos antes esclarecer que há vários tipos de caspa, o mais freqüente dos quais é a pitiríase, que se caracteriza pela escamação seca das células mortas. Para controlar esse mal, basta escovar bem os cabelos, mantendo-os sempre limpos, todos os dias.

Mas há casos em que a escamação é acompanhada por coceira, que leva a pessoa a irritar o couro cabeludo, ferindo-o e agravando a situação. A conseqüência será sua propagação para os contornos do rosto e para o pescoço, razão pela qual é necessário evitar as irritações, mesmo com escovas.

Já a dermatite seborréica é o tipo mais grave de caspa: ocorre nas áreas onde as glândulas são mais ativas, ao contrário do que acontece com a pitiríase. A lavagem excessiva do couro cabeludo com xampus, mesmo os mais neutros, pode complicar a situação, pois, uma vez irritada, a pele fica mais sujeita à infecção bacteriana. Especialistas consideram esse tipo de formação de caspa uma espécie de estado inflamatório do couro cabeludo.

Após identificar o tipo de caspa, a primeira providência a adotar é uma mudança na alimentação e no estilo de vida – o que inclui o cuidado em evitar tensões.

Já dissemos que as frituras, as gorduras animais e o chocolate aceleram o processo de formação de caspas. Agora vamos mais longe, afirmando que é preciso também eliminar os refrigerantes, o chá e o café, substituindo-os por chás de ervas. A alimentação deve ser enriquecida por fígado (que contém muita vitamina do complexo B), levedura de cerveja, óleo de fígado de bacalhau, lecitina, germe de trigo e óleos vegetais. Reforce a alimentação com verduras, frutas frescas e proteínas.

Dependendo da situação do couro cabeludo, escove os cabelos todos os dias, antes de se vestir, para evitar que suas roupas sejam impre-gnadas com aquelas incômodas escamações brancas. A seguir, tente uma destas aplicações, com os cabelos bem secos:

Urtigão com vinagre

    2   colheres de folhas novas de urtigão
1/4 l   de água
    1   colher de sopa de vinagre de maçã

Use luvas para colher as folhas de urtiga e picá-las. Mergulhe-as em água fervente, deixe alguns minutos, coe e adicione o vinagre. Aplique sobre o couro cabeludo com um tecido de algodão, friccionando bem.

Hamamélis com limão

1 xícara de folhas de hamamélis
1 colher de sopa de suco de limão
1 colher de sopa de vinagre de maçã

Macere as folhas depois de picá-las, misture com o limão e o vinagre. Esprema bem para extrair o suco e aplique conforme indicado anteriormente.

O óleo de oliva é um ingrediente que não se pode ignorar quando se trata de combater a caspa. Aplique o azeite no couro cabeludo e faça massagens. Envolva a cabeça numa toalha quente para estimular a absorção. Aguarde no mínimo 6 horas e lave bem. Esse é um tratamento anticaspa que tem outras vantagens: torna os cabelos brilhantes e maleáveis. É também especialmente indicado para cabelos que tenham ficado expostos ao excesso de vento, na praia, por exemplo.

O vinagre de maçã, sozinho, também combate a caspa. Faça sua aplicação três ou quatro vezes por semana, friccionando a seguir o couro cabeludo. Os cabelos ficam com um aroma meio ácido, que não chega a ser desagradável, mas que tampouco se parece com perfume.

E há ainda a gema de ovo. Bata 2 gemas com ¼ de xícara de chá de água morna. Aplique esse líquido no couro cabeludo e nos cabelos, massageando bem durante 10 minutos. Enxágue abundantemente e faça uma lavagem final com água enriquecida com 1 colher de chá de vinagre de maçã. Seque bem os cabelos com uma toalha.

Cabelos danificados

Cabelos quebradiços, opacos ou de pontas partidas em geral decorrem de permanentes, alisamentos, tinturas, água do mar, sol ou cloro (ou às vezes dois ou três desses fatores).

Antes de mais nada, vejamos a constituição de um fio de cabelo: ele se compõe de três camadas distintas: cutícula, córtex e medula. A cutícula pode se comparar às escamas de um peixe, pois tem essa aparência quando vista ao microscópio. O córtex é o responsável pela cor do cabelo. E a medula, a camada mais interna, é a responsável pela absorção da nutrição. A ação nociva de loções, *sprays* ou outros produtos químicos à base de álcool provoca a separação das três camadas, resultando em cabelos de pontas partidas.

Para tratar desse distúrbio, empregue o mesmo xampu de ovo que você usa para remover impurezas e combater a caspa. Intercale esse tratamento com a aplicação de uma touca de azeite de oliva e mel, lavando a seguir com um xampu de ervas.

O cabelo se enfraquece também com a ação das águas tratadas com produtos químicos. O cloro das piscinas e da água que nos chega pelas torneiras basta para justificar cuidados especiais para com os cabelos, pois, banhados com freqüência por água clorada, eles se tornam quebradiços. É preciso cuidar deles, de ambas as formas: com uma dieta mais equilibrada e com aplicações externas.

Os cabelos secos, sem elasticidade, e portanto quebradiços, denunciam a falta de gorduras e proteína. Consomem-se às vezes muitos alimentos graxos, supondo-se que isso baste, por fornecer energia ao organismo. Mas os elementos básicos das células – as proteínas – são indispensáveis. Portanto, quem adota uma dieta muito simples precisa precaver-se contra essa deficiência e verificar se ela inclui quantidades suficientes de alimentos com teor protéico elevado.

Já que os defeitos mencionados acima resultam no enfraquecimento dos cabelos, a melhor solução é conferir-lhes nova vitalidade por meio da alimentação e de uma **fórmula restauradora**; eis um exemplo:

Óleo de rícino

    Quantidade necessária para besuntar os cabelos
    e o couro cabeludo

Friccione bem a cabeça com o óleo de rícino e penteie-se a seguir, para garantir sua distribuição perfeita. Coloque uma touca de plástico e aguarde 1 hora. Lave com um xampu de ervas e enxágüe, adicionando à água um pouco de limão ou vinagre de maçã.

Para evitar que seus cabelos sejam afetados pelo cloro das piscinas ou mesmo da água da banheira ou do chuveiro, use uma touca de material impermeável, principalmente quando freqüentar a piscina. Mesmo assim, trate os cabelos com as loções e xampus tonificantes, cujas fórmulas damos nas páginas seguintes.

Queda dos cabelos

"Sumindo... Sumindo... Sumiu!" Essa era a propaganda de uma loção masculina contra a queda dos cabelos. Felizmente, esse mal é menos pronunciado na mulher, embora ao pentear-se ou ao escovar os cabelos ela sempre note que perde um pouquinho a cada dia. E não é pequeno o número de mulheres que têm cabelos escassos.

Suas causas são a dieta inadequada, o emprego de maus cosméticos, o excesso de lavagens com xampus detergentes, fatores hereditários, tensões emocionais, desequilíbrios hormonais, emprego de onduladores elétricos. Outra causa – que é, na verdade, a conseqüência de alguns desses fatores – parece bastante óbvia: a falta de vitalidade e de crescimento dos cabelos.

A carência de nutrientes necessários ao sistema nervoso é a responsável pelo mau crescimento dos cabelos, em decorrência do mau funcionamento orgânico. Um sistema nervoso abalado não resiste bem às tensões normais do dia-a-dia. E a tensão gera as contrações musculares que provocam o estreitamento das veias que abastecem a raiz dos cabelos. Quanto mais prolongada a tensão, menor é esse abastecimento e maior o índice de enfraquecimento do couro cabeludo, com a conseqüente queda dos cabelos, mesmo que isso não leve à calvície — embora aumente a tensão, agravando o problema em proporção geométrica.

Um ponto de partida ideal é considerar que o cálcio é um tranqüilizante nutritivo, que reduz as tensões causadoras do estrangulamento dos vasos capilares periféricos e que atacam os cabelos pela raiz. Quem, por exemplo, tem sono agitado deve tomar toda noite dois tabletes de cálcio; dormirá sem interrupções e despertará com as energias restauradas e os nervos no lugar. Melhor ainda se os dois tabletes forem ingeridos com um copo de leite adoçado com mel.

Esse é, no entanto, o ponto de partida da dieta que atende às exigências de seu couro cabeludo. Para estimular o crescimento dos cabelos, reforce a alimentação com proteínas nobres, pois o teor protéico dos filamentos capilares é enorme. A isso acrescente as vitaminas do complexo B, as vitaminas A, C e E, que estimulam o crescimento, e os sais minerais – de cálcio, ferro, iodo, potássio, cobre e magnésio –, indispensáveis à manutenção dos cabelos.

Mesmo em condições normais, existe um período em que a mulher nota, alarmada, que seu pente ou escova removem mais cabelos do que nunca: durante a gravidez. Mas esse mal é apenas temporário, pois, segundo algumas pesquisas, esse distúrbio é uma conseqüência de um desequilíbrio hormonal. Basta verificar se a dieta contém sais minerais e vitaminas essenciais, para que tudo se normalize no prazo de seis meses.

Os penteados que repuxam e forçam muito os cabelos são uma das causas imediatas de sua perda paulatina. Basta adotar um penteado mais solto para o mal se reduzir ao mínimo, se não desaparecer por completo.

Mas é preciso começar pelas causas profundas: a restauração do equilíbrio orgânico e a eliminação dos excessos de refrigerantes, gorduras de origem animal, produtos de açúcar refinado e farinha branca, entre outros. No mais, é adotar tratamentos externos simples, que abrangem as loções e os xampus tonificantes, os preparados anti-sépticos e outros, sempre feitos em casa.

Eis uma outra fórmula contra a *queda dos cabelos*:

Alho esmagado

1 ou mais dentes de alho, dependendo do tamanho

Triture o dente de alho e friccione-o no couro cabeludo. Eis um anti-séptico poderoso que, além disso, estimula a circulação sangüínea e combate a seborréia. Seu único inconveniente é o cheiro forte e a possibilidade de irritar a pele, motivo pelo qual é preciso lavar os cabelos, logo após a massagem, com o xampu de ervas citado na página 134. Trata-se de um xampu aromático, especial para esses casos. Caso prefira um tratamento menos ativo, triture 1/2 cebola e adote o mesmo procedimento, lavando em seguida com o xampu de ervas.

Cabelos grisalhos

Nunca se deve empregar tinturas comerciais para disfarçar os fios de cabelos brancos ou grisalhos, pois elas podem causar reações alérgicas e danos até ao couro cabeludo, trazendo, a médio prazo, resultados opostos aos desejados.

Convém destacar que a publicidade que faz a apologia dos produtos preparados com ervas medicinais não mostra a proporção em que elas são utilizadas na sua fórmula, o que dá margem a duas dúvidas: a) o volume empregado é correto? b) o processo de produção não destruiu parte de suas propriedades?

Como essas perguntas ficam sem resposta, a melhor alternativa é produzir os nossos próprios colorantes, levando em conta que estes não atuam com a mesma rapidez, pois não ocultam os tons cinza ou branco resultantes da perda de pigmentação: ao contrário, restauram a cor original, ao fim de muitas aplicações.

Antes de mais nada, devemos nos lembrar de que a boa alimentação é fator determinante da preservação da cor original dos cabelos; dessa forma, a melhor medida para preservarmos a cor dos nossos cabelos consiste numa dieta bem equilibrada, rica em todos os nutrientes.

Experiências mostram que mudanças de dieta foram responsáveis pela recuperação da cor original dos cabelos de muitas pessoas. Convém lembrar, porém, que não existe uma "dieta ideal", devendo cada pessoa fazer adaptações exclusivas ao seu caso.

O mais importante é observar que os alimentos aconselháveis para a saúde dos cabelos e do couro cabeludo possuem nutrientes que estimulam seu crescimento, pois evitam a aceleração do envelhecimento de todo o organismo. Portanto, os alimentos específicos que contribuem especialmente para isso precisam ser adicionados à boa dieta, para se obterem resultados positivos.

Fígado, levedura de cerveja, melado, germe de trigo, cereais integrais, sementes de girassol, frutos do mar, iogurte, alga marinha e óleo vegetal integral ajudam a restaurar a cor perdida dos cabelos.

A par disso, devem-se empregar produtos de fabricação doméstica para devolver a cor natural dos cabelos. Uns alcançarão apenas metade dos objetivos (o que já é muito), e outros darão um tom profundo e escuro aos cabelos que embranqueceram. Seus efeitos nunca serão idênticos aos das tinturas químicas. Tanto melhor, pois a função das ervas é restaurar o tom antigo, não ocultar o tom alvacento grisalho atual. A outra vantagem é que elas são facilmente removíveis e não causam irritação, podendo ser empregadas freqüentemente.

Mesmo assim, o ideal é que você comece sua experiência numa pequena porção de cabelos, que deve ser enxaguada – depois da lavagem com xampu – com chá frio. Aplique bem e deixe secar. Faça experiências com um chá de salva, de framboesa e de manjerona, que deve ser deixado de molho em água durante 2 horas. Coe cada um e reserve para o enxágüe. Empregue um deles durante certo tempo e veja os resultados. Se não agradar, tente outro, até conseguir o tom que mais se aproxime do original.

Um ingrediente específico, que funciona bem como *tintura de cabelos castanho-escuros,* é o fumo. Já para *cabelos castanho-claros,* deve-se adicionar chá ao fumo. Eis as duas fórmulas:

Fumo-de-rolo

    1   colherinha de fumo (o mineiro de preferência, pois o goiano é mais claro e mais fraco)
1/2 l de água

Pique o fumo bem fino e ferva-o na água. Coe e use como líquido do último enxágüe, com freqüência. Essa fórmula já vem sendo utilizada há cerca de dois séculos.

Fumo com chá

    1   colherinha de fumo picado
    1   colherinha de chá
1/2 l de água

Ferva os dois ingredientes, coe e aplique com freqüência. A primeira fórmula é para cabelos castanho-escuros que estão encanecendo; a segunda, para cabelos castanho-claros.

Salva com rum

    1   colherinha de salva seca
    1   colherinha de rum
    1   colherinha de chá
   1 l de água

Ferva a salva e o chá na água durante 2 horas. Deixe esfriar e coe, para só então adicionar o rum. Esfregue parte da mistura nos cabelos, quatro a cinco vezes por semana.

Cabelos escuros

Aqui as coisas se complicam, pois há os cabelos pretos, os castanho-escuros e os castanho-claros. Esclarecemos que nos referimos aos tons mais fortes, a partir do castanho-escuro, deixando a segunda designação para o tópico seguinte deste capítulo.

Mas os cabelos mudam de tom, dependendo do clima, da idade e dos produtos artificiais aplicados. O melhor critério é perguntar: "Qual era de fato a cor de meu cabelo?" Só a partir daí se deve escurecê-lo ou clareá-lo, pois isso implica restituir-lhe a naturalidade.

Nunca se deve esquecer que as mudanças de cor trazem um problema: a revelação de seu tom real, devido ao crescimento, ainda que lento, conforme vimos. Portanto, alterar o tom é menos difícil do que mantê-lo, pois isso exige tratamento mais freqüente.

Antes de mais nada, verifique se seu cabelo está sadio, pois, dependendo desse fator, ele reagirá de modo diverso às substâncias colorantes, mesmo as naturais. Precavenha-se, reforçando a dieta com levedura de cerveja, fígado, germe de trigo, ovos e outras fontes de vitaminas e proteínas.

Os ingredientes mais naturais que entram no preparo de líquidos de enxágüe *para escurecer os cabelos* são a casca de noz verde, a salva, o chá preto e o alecrim.

A casca de noz verde tem um inconveniente quando se pretende empregar seu suco, em vez de deixá-la de molho: mancha tecidos e mãos, se for da variedade *Juglans nigra*. Mas seus efeitos compensam. E pode-se deixá-la de molho, para a extração do suco.

Vejamos algumas fórmulas:

Noz com óleo

    4 partes   de suco de casca de noz verde
1 ou 2 partes   de óleo de amêndoa, dependendo da oleosidade dos cabelos. Caso estes sejam muitos secos, aumente a quantidade de óleo

Misture bem e aplique uniformemente, para não escurecer o couro cabeludo. Quanto mais tempo demorar para remover o preparado, maior o escurecimento obtido em cada aplicação. E melhor obter um escureci-mento paulatino, com aplicações sucessivas. Assim que começar a obter o tom desejado, reduza o ritmo do tratamento, fazendo-o apenas duas vezes por semana, ou menos.

Essa recomendação vale para todos os preparados que atuam como tintura lenta, como é o caso dos seguintes:

Salva com chá

    2   colheres de sopa de salva seca
    2   colheres de sopa de chá preto
    1   garrafa de água fervente

Misture os ingredientes, tampe e deixe ferver em fogo brando durante 25 minutos. Conserve de molho várias horas e coe. Aplique todos os dias um pouco dessa mistura nos cabelos e couro cabeludo; eles escurecerão pouco a pouco. Ao se aproximar do tom castanho-escuro desejado, faça apenas duas aplicações semanais, ou até menos. Nesse caso, prepare uma dose menor de infusão de cada vez, pois ela dura uma semana, no máximo.

Noz com alecrim

>100g de casca de noz verde
>1/2 l de álcool retificado
>Algumas gotas de óleo de essência de alecrim

Esta receita é mais prática do que a primeira, pois não há o inconveniente das nódoas provocadas pela resina de cascas de noz. Deixe-as de molho no álcool durante dez dias, coe e perfume com o óleo de alecrim. Esfregue uma pequena quantidade nos cabelos depois de lavar e enxagüar.

Alecrim com salva

> Partes iguais de salva e de alecrim secos, em 1/2 litro de água. A proporção depende da intensidade desejada

Aqueça a água, coloque as ervas, tampe a panela e deixe ferver em fogo brando durante 25 minutos. Deixe de molho durante várias horas e coe. Aplique um pouco todos os dias nos cabelos e couro cabeludo. A infusão tem um aroma agradável e intensifica o tom natural dos cabelos escuros, mas é preciso empregá-la regularmente para obter uma cor mais escura do que a original.

Um conselho: ao experimentar esses colorantes naturais, não se esqueça de que, a partir da meia-idade, a mulher nunca deve ter cabelos cuja cor destoe da cor de sua pele. O surgimento de cabelos grisalhos não deve induzi-la a torná-los escuros, pois isso só acentua sua idade. O mesmo se aplica às sombras e batons. Apenas devolva o tom original dos cabelos: não o aprofunde, e sua aparência geral só lucrará com isso.

Cabelos claros

Quem tem cabelos claros, cor de palha, e pretende dar-lhes tons dourados, deve sentar-se ao sol e umedecê-los, com rodelas de limão, mecha a mecha, sem deixar pontos secos. A atuação conjugada do sol e do suco de limão tornará a cor mais brilhante. Lave imediatamente as mãos para não queimá-las ao sol.

Outra sugestão é o emprego de flores de camomila, especialmente indicadas para quem tem cabelos castanhos e quer alourá-los. Basta deixar 4 colheres de sopa de flores secas de camomila em 1/2 litro de água durante 2 horas, coar e usar. Devido à quantidade reduzida do líquido de enxágue, convém embeber um tecido de algodão no chá e esfregar os cabelos por completo.

Pode-se também fazer de vez em quando uma espécie de pasta com 1 xícara de chá forte de camomila e 1/2 xícara de caulim; aplicar por igual nos cabelos, aguardar 30 minutos e enxágüar bem logo a seguir.

Com qualquer desses artifícios, quem tem cabelos castanhos-claros pode torná-los mais louros. Se você tem cabelos castanho-claros e deseja escurecê-los, aplique após o enxágüe o seguinte preparado: aqueça 4 colheres de folhas secas de salva em 1/2 litro de água e deixe fervendo durante 2 horas. Para conferir brilho aos cabelos mais escuros, adicione à água do último enxágüe 1 colher de vinagre de maçã.

Eis outras fórmulas:

Camomila com ruibarbo

- 20g de flores de camomila
- 100g de ruibarbo
- 5g de bórax
- 1 l de água

Ferva o ruibarbo e a camomila em água até o líquido se reduzir à metade. Deixe esfriar para adicionar o bórax, que atua como emoliente. Para usar, misture 1 xícara deste líquido em 1/2 litro de água e faça a lavagem final dos cabelos.

Limão com camomila

   1/2 limão (suco)
   2 colheres de chá de flores secas de camomila
   150g de sabão de azeite de oliva
   1 l de água

Ferva as flores de camomila até que a água se reduza à metade. Retire do fogo, espere esfriar e adicione-lhe o suco de limão. Rale o sabão e dissolva-o nessa infusão. Leve de novo ao fogo e deixe ferver, mexendo de vez em quando. Assim que a água clarear, retire do fogo e bata até a mistura ficar espumosa. Junte 1/2 xícara desse líquido a 1/2 litro de água, lave os cabelos e depois enxágue.

Camomila concentrada

   2 colheres de sopa de flores de camomila
   2 xícaras de água

Deixe a camomila cozinhar em fogo brando durante 30 minutos, retire e coe. Antes de usar esse preparado, lave bem os cabelos com um xampu de ervas e enxágüe-os. Despeje a solução de camomila nos cabelos e apare o líquido numa bacia, a fim de repetir a operação quantas vezes for necessário para o umedecimento completo. Enxugue com uma toalha e deixe secar livremente.

Claras em neve

    2   claras de ovos

Bata-as até ficarem em ponto de neve, o mais consistente possível. Escove os cabelos para eliminar todo o pó e a caspa. Aplique a clara nos cabelos e no couro cabeludo em pequenas porções, fazendo movimentos circulares com os dedos para sua melhor distribuição. Deixe os cabelos secarem ao sol durante 20 minutos e torne a escovar bem.

Limão concentrado

    1   limão (suco)

Esprema um limão inteiro na água do enxágüe final, depois da lavagem com um xampu de ervas. Faça-o com bastante critério, despe-jando o líquido na cabeça, aparando-o numa bacia e repetindo a operação várias vezes, para a distribuição perfeita. Deixe os cabelos secarem livremente.

Cerveja leve

    1   garrafa de cerveja tipo "light"

Para devolver a cor e o brilho aos cabelos pardacentos, basta lavá-los com cerveja uma vez por semana, à temperatura ambiente, sem o emprego de sabonete ou xampu.

Convém mais uma vez lembrar que nenhum desses ingredientes terá atuação imediata, ao contrário do que acontece com os colorantes artificiais, e que os efeitos variam de pessoa para pessoa. A atuação dos produtos naturais é lenta, mas apresenta uma grande vantagem: pode-se empregá-los com toda a segurança. Porém, é aconselhável fazer várias tentativas, até descobrir o produto que mais se adapte ao seu caso.

Restauradores capilares

Lavagens, secagens e tinturas, métodos artificiais para enrolar ou alisar os cabelos: tudo isso atua negativamente, mais cedo ou mais tarde, trazendo como conseqüência cabelos quebradiços, ásperos, quando não sua queda e a ameaça da calvície. Portanto, não exija demais dos cabelos e dê-lhes um tratamento especial com preparados restauradores.

> Eis duas fórmulas para **cabelos danificados por tinturas comerciais:**

Óleo de rícino

2   colheres de chá de vinagre de maçã
    Quantidade de óleo de rícino que julgar necessária

Esse óleo escurece um pouco os cabelos. Aqueça-o para torná-lo menos pegajoso e friccione-o nos cabelos e no couro cabeludo. Penteie cuidadosamente, para garantir a penetração perfeita do óleo. Cubra inteiramente os cabelos com uma touca de plástico, para que eles se aqueçam ao máximo. Aguarde 1 hora para lavar com um preparado tonificante. Só se consegue a remoção completa do óleo com duas lavagens bem-feitas.

Adicione 2 colheres de chá de vinagre de maçã a 1 litro de água para o enxágüe e faça uma lavagem final com água morna pura. Enxugue com uma toalha e deixe os cabelos secarem naturalmente.

Fórmula para a próxima lavagem:

Gemas com maionese

2   gemas batidas
    Maionese caseira
2   colheres de vinagre de maçã ou de suco de limão

Bata as gemas em apenas 1/8 de xícara de água. Massageie bem os cabelos e o couro cabeludo com esse líquido. Deixe atuar durante 30 minutos e lave a seguir sem empregar qualquer xampu: apenas água morna. Enxugue com uma toalha.

Aplique a seguir a maionese caseira com todo o cuidado e aguarde 1 hora. A seguir, lave com um xampu de ervas. Enxágüe com o vinagre de maçã ou o suco de limão adicionados à água. Torne a enxaguar, agora com água pura. Embora essa fórmula escureça um pouco os cabelos louros, ajuda a restaurar os danos sofridos por eles.

Maionese caseira

1   ovo
2   colheres de suco de limão ou vinagre de maçã
1   pitada de sal
1   xícara de óleo vegetal integral

Despeje primeiro o ovo, o suco de limão (ou vinagre), a pitada de sal no liquidificador e apenas 1/4 de xícara de óleo. Bata em alta veloci-dade, até notar que o líquido está espesso e bem homogêneo. Retire a parte central da tampa do liquidificador, coloque na velocidade mínima, ligue o aparelho e vá despejando lentamente o restante do óleo. Aplique conforme a sugestão acima.

Xampus: como usá-los

Antes de falar sobre esse assunto, convém esclarecer que, para obter o melhor efeito do xampu, é preciso massagear os cabelos deli-cadamente, fazendo uma leve pressão sobre cada mecha, no sentido das raízes às pontas, para estimular o couro cabeludo. Não tenha pressa.

A seguir, escove os cabelos com uma escova de cerdas naturais médias, para não irritar o couro cabeludo. Abaixe a cabeça e escove, da nuca para o alto, com o máximo de método possível para que nenhuma parte fique sem essa limpeza que também estimula o crescimento dos cabelos. Faça movimentos contínuos e longos, cobrindo primeiro a periferia da cabeça e subindo com a escova paulatinamente, até completar no topo.

Para obter um estímulo mais completo, massageie todo o couro cabeludo com a ponta dos dedos. No início talvez você resista um pouco, mas depois encontrará um verdadeiro prazer nessa massagem tonificante, que deve ser feita todos os dias. Esse método, contudo, não é aconselhável às pessoas que sofrem de queda dos cabelos e também àquelas que estão com o couro cabeludo irritado. Não é tampouco um processo de cura das deficiências capilares: é uma ajuda para os tratamentos específicos de que já falamos. Sua grande vantagem é estimular a circulação sangüínea na raiz dos cabelos.

Antes de aplicar o xampu, molhe os cabelos com água quente. Despeje um pouco de xampu na palma da mão e aplique-o suavemente no couro cabeludo com a ponta dos dedos, fazendo movimentos cir-culares. Segure o chuveirinho de água quente com uma das mãos enquanto massageia o couro cabeludo com a outra. Torne a aplicar o xampu e repita toda a operação. Enxágüe, ainda massageando com os dedos, até eliminar todo o xampu. Torça os cabelos (se forem meio longos) para retirar o excesso de água e enxugue-os com uma toalha bem macia.

Alternativas para a lavagem

Como existem casos em que a lavagem freqüente dos cabelos é problemática – por falta de tempo ou porque eles são muito longos –, sugerimos um sucedâneo, consagrado por décadas de uso.

Rodelas de lima

1 ou 2   limas, dependendo do caso

Todas as noites, corte uma lima ao meio e friccione com cada metade o couro cabeludo, removendo a superfície da fruta à medida que seu caldo for sendo absorvido. Não esprema o suco. Não empregue esse método se o couro cabeludo estiver irritado, pois a fricção pode agravar o problema. Toque apenas a base, e não os cabelos, para que não fiquem pegajosos. De qualquer forma, não pense que lavar bem os cabelos com um xampu natural seja desnecessário. A higiene do couro cabeludo é fator indispensável à sua saúde.

Acontece que não se deve destruir a resistência natural da pele em nome de sua limpeza: o bom xampu apenas limpa, tonifica ou perfuma, sem agredir o couro cabeludo. Eis algumas fórmulas:

Xampu de alecrim

1/2   xícara de sabão de azeite de oliva
30g   de folhas de alecrim
1 l   de água destilada

Coloque o alecrim num recipiente de louça refratária, despeje a seguir a água destilada fervente, tampe e ferva em fogo brando durante 15 minutos. Coe, recoloque o líquido na mesma vasilha e adicione o sabão de azeite de oliva, ralado. Leve de novo ao fogo brando e espere o sabão derreter. Não é um xampu que faça muita espuma, mas limpa e refresca. As folhas de alecrim contribuem para dar um grau de acidez razoável à pele.

Xampu de lanolina

1/2 colher de chá de lanolina
1 colher de chá de óleo vegetal
1 colher de sopa de água
2 colheres de sopa de xampu de ervas

Aqueça em banho-maria a lanolina, o óleo vegetal e a água, mexendo de vez em quando. Adicione o xampu de ervas (ver fórmula abaixo). Se achar que a mistura ficou muito espumante, junte da próxima vez um pouco mais de lanolina e óleo em volumes mínimos até chegar ao ponto desejado. Também se pode reduzir para 1 colher o volume do xampu.

Xampu de ervas

100g de sabão de azeite de oliva
1 l de água destilada
2 colheres de chá de salva
2 colheres de chá de alecrim
2 colheres de chá de tomilho
2 colheres de chá de milefólio
2 colheres de chá de urtigão, todos verdes

Prepare a infusão das ervas com a água destilada. Coe e adicione o sabão, ralado. Leve ao fogo brando e deixe ferver, mexendo sempre, até o líquido ficar claro. Retire do fogo e bata até que a mistura fique macia. Coloque num recipiente de vidro e tampe.

Depois de fazer as duas aplicações acima e de lavar os cabelos, adicione 1 colher de chá de suco de limão ou vinagre de maçã à água do enxágüe final.

Xampu de cereais

    1/2   xícara de fubá mimoso, de farelo de outros cereais (aveia inclusive) ou de amêndoas

Basta aplicar o fubá ou outro cereal moído bem fino, fazendo com que ele penetre nos cabelos e os envolva uniformemente. Depois, com a cabeça inclinada sobre a banheira (ou ao ar livre, se puder), remova toda essa mistura com uma escova.

O tratamento com fubá mimoso mostrou-se eficiente para a cura da queda de cabelos de algumas mulheres. Os efeitos foram lentos (demoraram meses), mas eficazes. A eficácia depende do cuidado na aplicação, que deve demorar de 5 a 10 minutos, massageando-se o couro cabeludo com fubá, farinha ou farelo.

Tônicos capilares

Quina com urtigão

    30g   de tintura de urtigão
    50ml de álcool
    1   gota de bálsamo de quina
    30ml de água de flor de laranjeira
           Algumas gotas de óleo de alfazema

Misture todos os ingredientes e conserve em frasco fechado. Eles são muito aromáticos, estimulam a circulação sangüínea e melhoram o estado geral de todos os tipos de cabelo.

Urtigão com vinagre

1/2 l de vinagre branco
1/2 l de água destilada
100g de folhas verdes de urtigão

Pique as folhas de urtigão e deixe ferver na água com vinagre em fogo brando durante 30 minutos. Coe. Aplique um pouco dessa loção todos os dias no couro cabeludo, massageando-o. Eis um preparado eficaz, embora de cheiro um tanto desagradável.

Tintura de urtigão

1 parte   de folhas verdes de urtigão
3 partes de álcool

Pique as folhas e deixe-as de molho no álcool, expostas ao sol, durante quinze dias. Filtre e guarde em frasco fechado. Dissolva 3 colherinhas dessa tintura em 1/4 de litro de água e faça aplicações diárias no couro cabeludo.

Uma loção anti-séptica

Alho com álcool

1   dente de alho bem esmagado
55ml   de álcool
40ml   de água destilada

Misture todos os ingredientes; como o cheiro do alho sempre representa um problema, deixe-o de molho no álcool durante três dias, se quiser eliminar esse inconveniente. Filtre e adicione a água ao fim desse prazo. Junte algum perfume, para unir o útil ao agradável. O alho estimula o crescimento dos cabelos e ajuda a combater a caspa.

Fixadores

Gelatina com ervas

    1   colherinha de gelatina incolor
    1   limão, suco de (para as louras) ou
    2   morangos (para as morenas)
    2   xícaras de água

Depois de enxaguar a cabeça, aplique o líquido acima, penteando cada mecha isoladamente. Eis um preparado para quem quer dar um ondulado natural aos cabelos com o emprego de *bobs*. Quem já tem cabelos crespos também pode aplicá-lo para manter uma ondulação mais suave.

Spray de limão

    1   limão cortado em fatias

Coloque as fatias numa panelinha, cubra com água e cozinhe até ficarem bem macias. Despeje tudo no liquidificador e bata até triturar completamente as películas que envolvem os gomos. Coe em tecido de algodão meio encorpado. Despeje num vaporizador e empregue com parcimônia, para o cabelo não ficar pegajoso.

Sementes de marmelo

    1   colher de sementes de marmelo
  1/2   xícara de água

Ferva as sementes na água, até o líquido engrossar. Coe, deixe esfriar e aplique. Conserve na geladeira o líquido que sobrar. Podem-se substituir as sementes de marmelo por goma-arábica ou resina de tragacanto.

Sementes de linhaça

2 colheres de sementes de linhaça
1 xícara de água
Não compre o óleo que se vendem nas casas de tintas!

Ferva as sementes de linhaça na água, até elas cozinharem e se dissolverem. Coe e aplique.

Alecrim concentrado

1 punhado de alecrim
1 xícara de água

Ferva o alecrim na água durante 10 minutos. Retire e deixe esfriar. Coe e aplique. Muito aconselhável nos dias úmidos, quando se quer encorpar o cabelo e preservar a ondulação.

Leite desnatado

1 colherinha de leite desnatado em pó
1/2 xícara de água morna

Basta misturar e aplicar. Se quiser encorpar mais o cabelo, aumente a quantidade do leite em pó.

Alisadores

Não é pequeno o número de mulheres que gostariam de manter os cabelos sempre lisos, da mesma forma que outras os prefeririam sempre encaracolados.

Mas é mais seguro ondular ou mesmo encaracolar os cabelos do que forçá-los a ficar sempre lisos. Os cosméticos comerciais podem provocar a calvície, quando não reações tóxicas. Ainda não se criou um produto garantido, capaz de alterar a natureza intrínseca do cabelo, que tende a enrolar-se em decorrência dos fatores genéticos que não se alteram numa geração apenas. Estão sendo feitos testes com novos produtos, mas a perspectiva não é muito animadora.

Enquanto isso, convém não esquecer que os cabelos nunca devem ser violentados dessa forma, pois o couro cabeludo se vingará da pior maneira possível: fazendo-os cair paulatinamente. Também é inconveniente forçar os cabelos a se manterem erguidos, ou dar-lhes o formato *black-power*, pois os resultados nocivos podem ser idênticos.

Penteados

A aplicação de muito óleo no penteado é inconveniente quando os cabelos já têm uma lubrificação normal. No entanto, pode-se recorrer a ele, em substituição aos óleos comerciais, com muitas vantagens – a principal é conhecer os ingredientes.

Azeite com alfazema

85ml de azeite de oliva
1 colher de chá de óleo de noz-moscada
1 gota de óleo de alfazema

Misture os ingredientes e aqueça-os em banho-maria, até sua fusão completa. Coloque num frasco e aplique com parcimônia.

Óleo de germe de trigo

Algumas gotas adicionadas ao xampu de ervas

Não despeje muitas gotas em todo o xampu: use a porção que for aplicar no momento. A lavagem com o xampu de ervas assim enriquecido elimina a necessidade de empregar substâncias oleosas para o condicio-namento de cabelos rebeldes.

Conselhos finais

Para arrematar este capítulo, apenas algumas recomendações sobre o emprego de secadores elétricos e de perucas.

Não restam dúvidas de que o secador é um grande aliado quando se lava o cabelo pela manhã e se precisa sair correndo para o trabalho. Mas por que não lavá-lo num horário mais cômodo e deixá-lo secar espontaneamente, depois do auxílio estimulante das fricções com a toalha de banho? Nunca se esqueça: os aparelhos elétricos são um agente externo nocivo, quando empregados com muita freqüência.

E as perucas? Claro que elas não fazem tanto mal como tingir ou descolorir os cabelos, ondulá-los com permanente ou alisá-los. Mas esse tipo de vaidade também tem um preço: o couro cabeludo se ressente por ficar muitas horas abafado, sem a necessária transpiração, tornando-se assim mais vulnerável aos efeitos das disfunções orgânicas. Quem usa perucas por muitos dias seguidos sabe que a primeira conseqüência é o aumento da oleosidade do couro cabeludo – e só isso já bastaria para justificar a eliminação desse acessório, só necessário mesmo a quem já sofre de calvície acentuada.

Não se pode ignorar que o corpo é um todo harmônico, com equilíbrio próprio, e que certos artifícios são uma violência contra as maravilhas que ele opera – uma das quais são os lindos cabelos naturais, que não é preciso ocultar.

O Rosto e o Pescoço

Pele suja, pele desvitalizada

Remover as impurezas, nutrir e tonificar a pele são apenas três fases de um mesmo processo cujo resultado será uma cútis limpa e rejuvenescida.

O tipo de preparado para a limpeza dependerá do tipo de pele: loção para o tecido cutâneo gorduroso e creme para o tecido seco. Faça isso todas as noites: prenda os cabelos, aplique o creme (ou a loção) e faça massagens no rosto, com movimentos ascendentes, na direção da parte posterior e superior da cabeça. Remova o creme e as impurezas com uma toalha e repita a operação.

Fazer duas aplicações e remoções é importante para quem tem pele oleosa e poros dilatados, que podem ficar obstruídos, caso permaneçam impurezas da primeira operação.

Além desse tratamento noturno, não se esqueça de tratar o rosto com os vapores de alguma erva, a menos que sua pele seja muito seca e tenha vasos capilares rompidos. Para a vaporização, empregue um preparado feito com 1 colher de sopa de camomila ou de alecrim e 1/2 litro de água fervente. Prenda os cabelos numa touca de plástico e cubra a cabeça com uma toalha para reter os vapores ao máximo, durante 10 minutos. Enxugue o rosto dando palmadinhas sobre a toalha (não esfregue), e depois que a cútis esfriar aplique um tonificante de água de rosas, de hamamélis, ou outro cujas fórmulas damos neste capítulo.

Quem tem pele seca deve fazer aplicações suaves de óleo de amêndoa sobre essas áreas do rosto (e também do pescoço, se for o caso), ficar num ambiente bem morno durante alguns minutos e empregar um tecido de algodão para remover o óleo.

Existem três pontos do rosto aos quais se deve dar especial atenção, nesse processo de limpeza: a área dos lábios, as que ficam ao lado das asas do nariz e a linha que separa o crânio da face, pois a sujeira aloja-se aí com muita facilidade, dando origem ao surgimento de sardas e cravos.

Se, por algum motivo profissional, for obrigada a usar maquilagem muito pesada com certa freqüência, deve, uma vez por semana, deixar que sua cútis respire livremente, aplicando-lhe apenas um umectante, e nada mais.

A segunda etapa é a nutrição, da qual nem mesmo as peles mais oleosas prescindem. Quem tem pele seca deve misturar 1 colher de sopa de leite com 1 colherinha de iogurte caseiro. Basta distribuir essa substância cremosa sobre a pele, depois da remoção das impurezas. Quem tem pele normal encontrará maiores benefícios se esmagar uma fatia de pêssego maduro em 1 colher de nata de leite. Aplique também depois da remoção das impurezas, aguarde alguns minutos e lave com água morna.

As fórmulas para as peles oleosas são igualmente simples. Basta cortar ao meio um tomate maduro e friccionar cada parte do rosto com uma metade. Amaciante e adstringente, o tomate tem a vantagem de não secar muito o tecido cutâneo. Outra solução é a máscara de beleza feita com a polpa de um tomate esmagada junto com um pouquinho de iogurte e suco de limão. Lave 5 minutos depois da aplicação.

Limpeza da pele

A água de rosas, o óleo de amêndoa, a aveia e as amêndoas esmagadas são removedores suaves de impurezas ou de maquilagem, motivo pelo qual recomendamos para retirar pinturas muito pesadas o "óleo com espermacete", cuja fórmula damos no próximo item, "cremes nutritivos". O correto, contudo, é evitar as maquilagens carregadas.

O óleo de amêndoa deve estar sempre no armário do banheiro, pois só ele remove bem a maquilagem dos olhos. Empregando-o nesse caso específico, você estará nutrindo a pele em torno da cavidade ocular. As peles muito secas devem ser limpas com bastante óleo de amêndoa. Depois, é só remover o excesso com uma infusão de camomila.

A aveia funciona mais suavemente, embora absorva bem as impurezas do tecido cutâneo. Umedeça um pouco de aveia e aplique-a como se fosse uma esponja. Os efeitos são ótimos: a absorção clareia os cravos, disfarçando-os.

Também as amêndoas, moídas bem fino e misturadas com bastante água de rosas, removem as impurezas. Deve-se preparar o líquido com elas, embeber um tecido de algodão e passar no rosto. A lavagem posterior é feita com uma loção de ervas.

> Mas vamos às receitas específicas para **limpar a pele**.

Flores de violeta

250ml de leite
2 colheres de sobremesa de flores de violeta

Ferva o leite, deixe esfriar um pouco e junte as folhas de violeta. Deixe descansar durante 2 horas, coe e despeje num recipiente de louça, conservando-o na geladeira, onde durará 1 semana. Todas as manhãs embeba um tecido de algodão nesse leite enriquecido e limpe o rosto e pescoço.

Amêndoa com coco

50ml   de óleo de amêndoa
150g   de gordura de coco
100ml   de água destilada

Derreta a gordura. A seguir, adicione, aos pouquinhos, o óleo de amêndoa (também aquecido) e a água, mexendo sem parar. Retire do fogo e continue batendo, até esfriar.

Amêndoa com vaselina

50ml   de óleo de amêndoa
14ml   de vaselina branca
15g   de cera de abelha
20ml   de água de rosas

Embora a vaselina seja uma espécie de geléia de petróleo (e portanto um produto químico), incluímo-la nessa fórmula por suas grandes propriedades, como removedor de impurezas e como base para a elaboração de produtos caseiros com óleos vegetais ou infusão de ervas.

Distribua os ingredientes em três recipientes distintos: 1) vaselina com cera de abelha; 2) água de rosas; e 3) óleo de amêndoa. Aqueça simultaneamente em fogo brando até a cera se derreter. Retire os três recipientes do fogo e, sem perda de tempo, junte o óleo de amêndoa e a água de rosas à mistura de cera com vaselina, mexendo sem parar, para uma integração completa. Não pare de bater enquanto não esfriar.

Sabão com manteiga

2   colheres de chá de sabão de azeite de oliva ralado
2   colheres de chá de manteiga
12   colheres de sobremesa de óleo de amêndoa
2   colheres de chá de água de rosas

Junte o sabão e o óleo num recipiente pequeno e derreta-os em banho-maria. Adicione pouco a pouco a manteiga e a água de rosas, sem parar, para uma mistura homogênea. Ao retirar do fogo, conti-nue batendo até o líquido esfriar e transformar-se numa substância cremosa.

Cremes nutritivos

> Para peles que vão do **seco** ao **normal**.

Amêndoa com água de rosas

- 40ml de água de rosas
- 40g de óleo de amêndoa
- 10g de cera branca

Misture o óleo com a cera até obter uma mistura homogênea; a seguir, adicione lentamente a água de rosas, sem parar de mexer.

Óleo com espermacete

- 55ml de óleo de amendoim
- 10g de espermacete
- 8 g de cera branca
- 20ml de água destilada
- 5ml de óleo de rícino

Misture bem todos os ingredientes gordurosos e junte depois a água, mexendo até obter uma mistura homogênea. Esse creme é ótimo para pele muito seca.

Amêndoa com mel

1 clara de ovo
1 colher de chá de mel
Algumas gotas de óleo de amêndoa

Bata a clara em neve, adicionando em seguida o óleo e o mel, pouco a pouco, sem parar de bater. O resultado será um creme macio e fofo. Este é um preparado nutritivo que beneficia todos os tipos de pele. Caso a cútis seja muito seca, basta aumentar a dosagem do óleo de amêndoa. Só um aviso: esse creme deve ser conservado uma semana, no máximo, na geladeira.

Lanolina com gergelim

10ml de lanolina
50ml de óleo de gergelim
5g de cera branca
10g de espermacete
25ml de água de rosas

Misture primeiro os ingredientes gordurosos. Adicione por fim a água de rosas, mexendo sempre, e obterá um creme excelente para pele subnutrida ou seca. Se desejar, substitua a água de rosas por uma infusão de ervas.

Flor de laranjeira

20ml de óleo de amêndoa
10ml de infusão de flores de laranjeira
2g de espermacete
4g de cera branca

Misture primeiro os ingredientes gordurosos. Depois adicione a infusão de flores de laranjeira, mexendo sem parar. Essa infusão tem vantagens especiais: é aromática, um pouco adstringente e tonificante, além de refrescar o tecido cutâneo. Mas, caso queira, substitua-a por uma infusão de ervas.

> Para **pele oleosa**

Glicerina com álcool

>| | |
>|---|---|
>| 15g | de glicerina |
>| 30ml | de álcool |
>| 1 | colher de café de pó de pectina natural |
>| 45ml | de água de rosas |

Despeje um pouquinho de álcool na pectina para umedecê-la e adicione-a pouco a pouco à glicerina e ao álcool que sobrou. Junte a água de rosas e leve ao fogo brando, deixando ferver durante 3 minutos. Despeje ainda quente num recipiente de louça; ao esfriar, o líquido se transformará em geléia. Também neste caso pode-se substituir, sem prejuízo algum, a água de rosas por uma infusão de ervas.

Tônicos cutâneos

> Para **peles normais** e **oleosas**

Hamamélis com água de rosas

>| | |
>|---|---|
>| 1 parte | de hamamélis |
>| 2 partes | de água de rosas |

Basta misturar e aplicar. Quem tiver pele muito oleosa deve aumentar a dosagem de hamamélis; em contrapartida, para aplicações em cútis que tendem mais para o seco, convém aumentar a proporção da água de rosas.

Já as fórmulas seguintes não servem para peles muito secas ou hipersensíveis, pois levam álcool. Nesses casos específicos, convém usar as loções de ervas que não contenham álcool.

> Para **pele normal**

Pepino puro

- 2 pepinos pequenos

Corte os pepinos e bata no liquidificador. Leve ao fogo e deixe ferver em fogo brando. Remova a espuma, engarrafe e tampe. Empregue puro se sua pele for oleosa. Dilua em água mineral se tiver pele normal ou seca. Pode também aplicar o pepino cortado em rodelas diretamente no rosto e pescoço, se sua pele for oleosa. Não aconselhamos esse emprego em peles secas ou normais.

Cenoura com clara

- 1 cenoura grande
- 1 clara de ovo batida em neve

Cozinhe a cenoura em fogo brando com um pouquinho de água, bata no liquidificador ou amasse bem com um garfo. Junte-lhe a clara em neve e aplique sobre o rosto. Eis um bom creme tonificante que pode ser também empregado como máscara de beleza. Neste caso, deixe atuar durante 15 minutos. Depois, lave.

Cebola com limão

    1   cebola picada
    1/2 limão (suco)

Cozinhe a cebola num pouquinho de água durante 15 minutos. Escorra e misture seu líquido ao caldo de limão. Aplique com mechas de algodão antes de aplicar a maquilagem, depois da limpeza da pele.

Uvas com iogurte

    Algumas uvas com um pouco de iogurte
    ou água de rosas

Descasque as uvas, retire-lhes as sementes, amasse-as e misture-as com o iogurte ou a água de rosas. Empregue como creme ou como máscara de beleza. Neste caso, deixe 15 minutos sobre a cútis e remova com água pura.

Pepino com água de rosas

    1   pepino médio
    3   limões
    1   laranja
    30ml de álcool
    3   colheres de sobremesa de água de rosas

Esprema os limões e a laranja. Pique o pepino e bata-o no liquidificador. Junte todos os sucos à água de rosas e ao álcool. Terá uma loção tonificante que restituirá a coloração natural da pele e contribuirá para eliminar os cravos.

Pepino com sabugueiro

    Infusão de flores de sabugueiro
1 pepino
    Água destilada
    Conhaque

Prepare primeiro a infusão de sabugueiro, com 3 flores deixadas de molho em 250ml de água destilada. Depois, descasque o pepino e corte-o em fatias finas. Coloque-as numa panela e cubra com água. Deixe ferver em fogo brando até o pepino amolecer, permitindo seu esmagamento com um garfo. Coloque essa massa num tecido de musselina para extrair o suco, pressionando o máximo que puder. Junte 1 parte de conhaque a 2 partes de suco de pepino. Aí terá dois líquidos distintos. Agora, adicione 1 parte da infusão de flores de sabugueiro a 2 partes de mistura de pepino com conhaque, obtendo uma loção tonificante que, além disso, clareia apele.

Alecrim com conhaque

250ml de água destilada
1   macinho de alecrim
1/2 dose de conhaque

Deixe o alecrim (de folhas verdes) ferver em fogo brando na mistura de água destilada e conhaque durante 20 minutos. Filtre, e terá um tônico facial excelente, embora suave.

Botões de laranjeira

2g de glicerina
35ml de álcool
60g de infusão de botões de laranjeira

Prepare a infusão com 1 colher de sobremesa de botões de laranjeira e 250 ml de água destilada. Filtre bem, adicione-lhe a glicerina e o álcool. Agite e use. Esse tônico é um bom amaciante, mas não o empregue com muita freqüência, pois, conforme vimos, o uso constante da glicerina, a médio prazo, resseca a pele.

Hamamélis com água-de-colônia

40g	de hamamélis
20ml	de água-de-colônia
5ml	de álcool
5g	de glicerina
40ml	de água de rosas
40ml	de infusão de botões de laranjeira
40ml	de água destilada

Misture todos os ingredientes, coloque num frasco com tampa de enroscar e agite energicamente. A fórmula é meio complexa, mas compensa, pois suas propriedades são indicadas especialmente para peles flácidas. Como neste caso o teor de glicerina é mínimo em relação aos demais ingredientes, não é contra-indicado para peles normais.

Loções faciais

As fórmulas que damos a seguir aplicam-se a todas as peles, indis-tintamente. Os casos específicos são citados ao fim de cada fórmula. É que as loções de ervas são boas de um modo geral para qualquer tecido cutâneo, embora uma ou outra planta tenha características que a credenciam mais para um caso ou outro.

Claro que tais loções não farão a remoção completa das impurezas de uma pele muito oleosa. Mas podem ser aplicadas na limpeza da cútis ou na lavagem do rosto e pescoço com uma fórmula mais específica, para limpar a pele e melhorar sua textura e coloração.

Temos aqui loções valiosas para as pessoas de *peles hipersensíveis,* que poderão usá-las para a limpeza com um tecido de algodão, desde que o façam com a necessária freqüência. Mesmo tão simples, as fórmulas são eficazes. Lembre-se: nem sempre complexidade significa qualidade. Ei-las:

Água mineral

Em seu estado puro, colocada num vaporizador, a água mineral traz muitas vantagens: é boa para refrescar a pele depois da aplicação de um creme de limpeza, além de revitalizar a cútis no auge do verão. Aplique-a também nas axilas, na área entre os seios, nos pés e no pescoço.

Borragem

Empregue as folhas e flores no preparo da infusão, cujos efeitos são os mesmos que se conseguem com a verbena.

Botões de laranjeira

Prepare uma infusão de botões de laranjeira. Você obterá um chá refrescante e, além de tudo, aromático, muito bom para enxaguar o rosto e o pescoço. Esse chá serve também como ingrediente dos tônicos cutâneos, pois revitaliza peles flácidas que tenham poros obstruídos.

Calêndula

Faça uma infusão das pétalas de calêndula, para obter uma loção levemente adstringente e anti-séptica para pele oleosa.

Camomila

A infusão de camomila é ótima para limpar peles hipersensíveis. Além disso, amacia o tecido cutâneo áspero.

Erva-cidreira ou melissa

A infusão de erva-cidreira suaviza as irritações da pele. Ingerido, o chá é calmante.

Ervas sortidas

Folhas de alecrim, tomilho, pilriteiro e amora-preta em partes iguais

Ferva, deixe esfriar, coe e conserve em recipiente de vidro ou de louça, fechado, na geladeira, onde durará uma semana. Terá assim sempre à mão uma loção adstringente não-alcoólica, o que a torna indicada para todos os tipos de peles.

Frutas cítricas

Descasque finamente laranjas, limões e toranjas, não aprofundando a faca na polpa, pois esta é inútil para nossos objetivos. Faça a medição: para cada xícara de cascas picadas, junte 3 xícaras de água destilada fria. Coloque num recipiente de louça, tampe e aguarde 12 horas. Depois filtre, despeje numa garrafa com rolha e conserve na geladeira. Faça duas aplicações diárias no rosto e pescoço, empregando tecido de algodão. Eis uma loção de aroma acre, mas agradável, que estimula e limpa a cútis.

Malvaísco ou altéia:

10g de raíz de malvaísco
1 l de água

Leve ao fogo e deixe ferver durante 15 minutos. Filtre, despeje numa garrafa com rolha e conserve na geladeira. O malvaísco tem pro-priedades emolientes. Especialistas em cosmética natural recomendam-no especialmente para quem tem pele hipersensível.

Margarida

A infusão de pétalas de margarida combate espinhas e outras imperfeições da pele.

Margarina, cravo e sabugueiro

Misture frutos de sabugueiro, folhas de trevo-branco e flores de margarida. Faça uma infusão, coe e conserve em garrafa tampada, na geladeira. Consta que esse preparado obtém sucesso na remoção de sardas.

Milefólio

Faz-se o cozimento, coa-se e lava-se o rosto; também ajuda a remover cravos. Só dois conselhos: depois da aplicação do chá de milefólio, enxágüe o rosto e aplique-lhe um creme refrescante, pois algumas peles hiper-sensíveis podem, de outra forma, reagir negativamente.

Morrião-dos-passarinhos

Uma infusão dessa singela plantinha confere textura mais delicada à pele áspera.

Repolho comum

Basta cozinhar 1/2 repolho (dependendo do tamanho), coar e lavar o rosto com freqüência nesse líquido, para a boa limpeza da pele.

Rosa e lírio

1 punhado de pétalas de rosas
1 punhado de lírios

Deixe de molho em água fria durante 1 hora. Ferva em fogo brando durante 1 hora. Deixe esfriar e coe. Obterá uma "água-de-cheiro" que ajuda a tonificar o tecido cutâneo, além de amaciá-lo.

Suco de limão

1 parte de água de rosas
1 parte de água destilada
1 parte de suco de limão

A mistura desses ingredientes produz uma loção refrescante e tonificante, embora não indicada para peles hipersensíveis. Aplique com um tecido de algodão ou coloque num vaporizador para borrifar o rosto e o pescoço, principalmente nos dias de muito calor.

Verbena

Prepare uma infusão de verbena e lave o rosto para a remoção de impurezas.

Verônica

Da mesma forma, prepare uma infusão de verônica, especialmente indicada para aliviar coceiras.

Umectantes e anti-rugas

Nenhum cosmético, natural ou industrializado, opera o milagre de remover rugas, que são o reflexo da passagem do tempo, além de outros fatores como preocupações, apreensões — e, obviamente, da forma — como nosso rosto, pescoço, colo e mãos reagem a eles.

Não é possível remover as rugas, mas pode-se prevenir seu surgimento tornando a pele mais macia, evitando franzi-la em contrações ou risos exagerados e fazendo massagens, que podem muito bem aliviar o problema, tornando os sulcos menos pronunciados.

Comecemos pelo amaciamento do tecido cutâneo, que se consegue por meio de substâncias oleosas, hidratantes ou umectantes. Fiquemos com estes últimos, pois a aplicação de um creme ou máscara que umedece e amacia é condição básica para a maquilagem e contribui para prevenir o ressecamento e o envelhecimento prematuro da pele.

Entre os melhores umectantes figuram o abacate, a maionese, a maçã, o damasco, a nata de leite, a banana, o pêssego e o mel. Já para combater as rugas os mais indicados são os óleos vegetais (de amêndoa, oliva e milho), o leite e sua nata, a aveia e a gema de ovo.

A pele seca está mais sujeita a rugas precoces, possibilidade agravada pela má alimentação e pelo excesso de contração dos músculos faciais. Uma dieta rica em proteínas ajuda a preservar a elasticidade da pele. Não podem faltar em sua mesa ovos, leite e laticínios, além da soja e seus produtos. Se você for vegetariana, precisará precaver-se contra a insuficiência de proteínas, recorrendo com todo o critério aos vegetais com teor protéico elevado, o que nem sempre é fácil, embora seja possível.

A segunda providência é evitar contrair ou franzir o rosto ao volante, diante da televisão ou no trabalho. As rugas são um reflexo da concentração interior, mas pode-se manter esse estado sem manifestá-lo de uma forma que só serve para envelhecer. Fique atenta e descontraia os músculos, ao perceber que está formando vincos involuntários:

isso a levará à adoção de uma nova atitude, benéfica para sua aparência e para o próprio estado orgânico.

Se, mesmo assim, constatar que os vincos se anunciam, precavenha-se aplicando, toda noite, um pouquinho de óleo de amêndoa e friccionando as rugas de expressão com os músculos bem descontraídos. Temos certeza de que a ruga não se aprofundará. Daremos receitas mais complexas nas páginas seguintes.

Atuar sobre os vincos é importante, daí a necessidade da *massagem facial*: para tanto, empregue um creme refrescante, se sua pele for seca ou normal. Os cremes destinados a pessoas de pele oleosa não devem conter água de rosas e sim hamamélis. No mais, remover toda a maquilagem, lavar o rosto e as mãos com água morna e enxugá-los delicadamente. A forma de massagem que sugerimos pode parecer complexa a princípio, mas com a repetição diária você adquirirá prática e verá que ela não é tão difícil. E os efeitos serão marcantes: tonificação dos músculos faciais e melhora da elasticidade do tecido cutâneo.

São nove as fases da operação completa. Umedeça as " palmas das mãos com um creme e empregue-as alternadamente para dar pancadinhas sucessivas de um lado e outro da fronte, a partir das têmporas. Depois faça o mesmo, a partir do queixo, até chegar às têmporas. A seguir, partindo das laterais do maxilar inferior, vá dando palmadinhas sucessivas até atingir o pescoço e os ombros. Volte para o rosto; agora será a vez dos olhos: comece com as palmadinhas no nariz e vá subindo até massagear os supercílios dessa forma. Repita a dose, dando pancadinhas mais enérgicas a partir das têmporas, do queixo, das laterais do maxilar inferior e do nariz.

Esses movimentos a partir dos mesmos pontos devem ser feitos com as pontas dos dedos, que você friccionará em movimentos circulares.

Será a vez então de atuar especificamente sobre as rugas. Prenda entre o polegar e o indicador da mão direita a dobra da pele onde o vinco se anuncia. Aperte, ao mesmo tempo em que vai comprimindo o ponto com os dedos médio e anular da outra mão. Agora, em vez de pressionar, bata no ponto preso pelo polegar e indicador com os dedos médio, anular e mínimo, aumentando o ritmo e a intensidade das pancadinhas. O arremate é uma espécie de tamborilamento no rosto com as pontas dos dez dedos, que devem começar com movimentos lentos e suaves e ir aumentando o ritmo e a pressão, para retornarem ao ritmo e à pressão iniciais.

Antes de entrarmos nas receitas específicas, façamos algumas sugestões de caráter genérico. O emprego do óleo de amêndoa na remoção da maquilagem dos olhos evita o surgimento de rugas na área em torno dos globos oculares. A prímula adicionada aos cremes refrescantes tem funções idênticas em toda a cútis. O alho sempre foi usado com esse mesmo objetivo, a exemplo do alecrim, da batata ou da beterraba ralada bem fino e misturada à nata de leite batida. Aliás, assim misturadas com nata, a beterraba e a batata dão ótimas máscaras faciais contra rugas.

> Agora, as **fórmulas umectantes**.

Maionese simples

    1   ovo
    140ml   de azeite de oliva

Prepare como o faria com uma maionese caseira, mas não adicione mais nada. Aplique uma vez por dia em todas as áreas que quiser amaciar e umedecer. Deixe durante 10 minutos e a seguir remova com água morna.

Suco de maçã

    1   maçã picada

Coloque a maçã no liquidificador, junte um pouco de água e bata. A maçã contém pectina, que opera maravilhas na pele. Esse preparado constitui um tônico umectante simples e eficaz.

> A seguir, um creme ideal **para suavizar as rugas**.

Lanolina com espermacete

30g	de lanolina
15g	de espermacete
15g	de cera branca
30ml	de óleo de coco
	Água de flores de laranjeira
60ml	de óleo de amêndoa doce
3	gotas de tintura de benjoim

Coloque os ingredientes gordurosos num recipiente de louça refratária e leve ao fogo para derreter. Retire do fogo e junte a água de flores de laranjeira e a tintura de benjoim. Depois de bater energicamente até obter uma consistência cremosa, coloque num recipiente de vidro ou de louça, com tampa. Passe sobre os pontos onde as rugas começam a manifestar-se e faça massagens suaves com as pontas dos dedos para distender a pele.

> Eis as fórmulas de **máscaras umectantes**:

Abacate com leite

Esmague o abacate e junte o leite (ou nata) na proporção que lhe dê a necessária densidade. Aplique sobre a pele bem limpa, friccione um pouco e só retire, lavando com água morna, após 20 minutos.

Banana com nata

    1   banana bem madura
    1   colher de nata (que se pode substituir por leite e iogurte)
        Mel, um pouquinho
    1   gema (só adicione a gema se sua pele for muito seca)

Esmague a banana e junte os demais ingredientes, misturando bem para obter uma mistura homogênea. Pode também aplicar só cascas de banana friccionando-as na pele, embora os efeitos da máscara sejam melhores. As bananas contêm muita vitamina A e um óleo amaciante.

Damasco com mel

    4   damascos secos
    1   colher de chá de mel
        Algumas gotas de vinagre de maçã
        Leite a gosto

Depois de cozinhar os damascos num pouquinho de água para torná-los macios, esmague-os e misture-os com o mel e o vinagre. Adote a proporção que dê consistência, aplique no rosto e pescoço, depois de remover-lhes as impurezas, deixe por 30 minutos, e remova, lavando com água morna.

Maçã com mel

    1   maçã picada
        Mel
        Nata de leite a gosto

Junte os ingredientes em proporções tais que dêem consistência ao produto final, pois, se ficar muito mole, o preparado escorrerá pelo rosto e pescoço. Cozinhe a maçã, e adicione-lhe o mel e a nata, que têm propriedades amaciantes. Lave o rosto, aplique a máscara e remova 15 ou 20 minutos depois.

Vejamos agora as *máscaras nutritivas,* cujo emprego no tratamento das rugas é sempre aconselhável, pois restauram a vitalidade da pele.

Os ingredientes das máscaras faciais variam de acordo com o tipo de pele, sendo portanto conveniente fazer experiências (com base, naturalmente, em tudo o que você já aprendeu até aqui), a fim de encontrar a fórmula ideal. Lembramos que, em princípio, qualquer vegetal comestível ou fruta pode entrar na composição de uma máscara de beleza. Costuma-se adicionar giz ao sumo ou apenas esmagar a polpa desta ou daquela fruta e espalhar sobre o rosto e pescoço. Pode-se também adicionar uma infusão de ervas ao giz para "criar" uma espécie de lama.

Para **limpar, nutrir** e **tonificar** ao mesmo tempo, empregue esta fórmula, aconselhável à maioria dos tipos de pele:

Gema com limão

1/2 limão
1 gema

Retire parte da polpa do limão, deixando espaço apenas para acomodar a gema. Separe a clara do ovo e despeje a gema na cavidade do limão. Lave bem o rosto e o pescoço, cubra-os durante 2 minutos com uma toalha para aquecer e dilatar os poros e esfregue a metade do limão com a gema. Esta se partirá, espalhando-se na pele e distribuindo ao mesmo tempo parte do suco de limão que já terá absorvido. Deite-se numa toalha seca estendida no chão, descontraia-se e espere 20 minutos. Lave e enxágüe com água morna.

Gema com laranja

   1   gema
   1   colher de chá de suco de laranja (ou pepino ou limão)

Embora não seja tão eficaz como a máscara anterior, esta é de preparo e aplicação mais rápidos. Os conselhos sobre a lavagem da pele, aquecimento com toalha, aplicação, descontração e tempo de espera são os mesmos, e válidos também para as fórmulas que se seguem.

Gema com azeite

   1   gema
   1   colher de chá de azeite de oliva

Misture e aplique, seguindo as instruções acima. Remova com leite morno, se sua pele for hipersensível.

Clara com erva

Clara de 1 ovo
Infusão da erva de sua escolha

Bata a clara em neve, junte-lhe a quantidade de infusão que julgar conveniente (não deve ficar mole demais) e aplique. Remova com água morna.

Clara com mel

Clara de 1 ovo
   1   colher de chá de mel

Bata a clara em neve, adicione-lhe o mel e misture bem. Siga as demais instruções da primeira receita deste tópico.

Fruta com nata

Pêssegos, morangos ou damascos
Nata batida

Esta fórmula é para pele seca. Quem tiver pele oleosa deve substituir a nata por 1 gema de ovo. As pessoas de pele normal devem excluir a nata e a gema.

Cereais com erva

Milho, aveia ou cevada moídos bem fino
Um pouco de infusão de erva
As amêndoas moídas são um sucedâneo dos cereais.

Pode-se misturar qualquer cereal, dois ou três deles, formando uma pasta com a infusão de ervas de sua preferência, para obter uma máscara facial nutritiva e removedora de impurezas. Ao empregar amêndoas moídas, saiba que elas deixarão sua pele sedosa e macia.

Embora as *compressas* não sejam máscaras, entram nessa cate-goria, pois seu emprego se destina a reter ingredientes sem consistência que, de outra forma, escorreriam pelo pescoço, ombros e colo.

É o caso do suco de frutas, das infusões de ervas, do iogurte, leite ou leitelho, que assim se distribuem mais uniformemente sobre o tecido cutâneo, atuando como umectantes e removedores de impurezas, apesar de suas propriedades tonificantes não se igualarem às das máscaras. Em contrapartida, são especialmente indicadas para peles hipersensíveis.

Faça assim: corte um tecido de algodão maior do que seu rosto. Faça furos nos pontos destinados aos olhos, nariz e boca. Embeba o tecido no líquido de sua preferência e aplique. Retire após 20 minutos e lave bem o rosto com água morna.

Chegamos finalmente às **máscaras contra rugas**. Eis as fórmulas:

Aveia com ovo

    1   colher de aveia
    1   ovo
        Um pouco de água ou leite

Bata o ovo até ficar espumante. À parte, misture a aveia com a água ou o leite, obtendo uma pasta espessa. Junte a pasta ao ovo batido e adicione água ou leite para obter o ponto consistente necessário. Espalhe esse mingau sobre os pontos da pele onde as rugas começam a manifestar-se. Descontraia-se e aguarde 15 minutos. Lave bem com água morna.

Mel com leite

    2   colheres de chá de mel
  1/2   xícara de leite

Adicione o mel ao leite quente e misture bem. Embeba um pedaço de tecido de algodão nessa mistura e aplique uma camada espessa nas rugas. Descontraia-se, aguarde 30 minutos e remova bem com água morna.

Imperfeições da pele

O acne, as espinhas, os cravos, as sardas e as manchas têm nas ervas, frutas e outros alimentos seus inimigos naturais. Tanto pior para essas imperfeições da pele, conforme veremos.

Comecemos explicando que elas têm sua origem no excesso de substâncias graxas, secretadas pelas glândulas sebáceas que se misturam à sujeira, às células mortas da pele e ao suor, criando o meio ambiente necessário à proliferação das bactérias.

A causa principal do excesso de secreção de substâncias graxas pelo tecido cutâneo é o desequilíbrio dos hormônios sexuais masculinos que também se encontram no organismo das mulheres, é claro que em menor grau. Isso explica a maior incidência de espinhas e outras erupções da pele nos adolescentes de ambos os sexos.

Se o problema persistir na idade adulta, é sinal de que algo não está certo em sua dieta, cabendo alterá-la para controlar melhor o funcionamento das glândulas sebáceas ou, no mínimo, não ativá-las tanto.

Será preciso evitar frituras e alimentos muito picantes, carboidratos em excesso e molhos gordurosos, além de reforçar a dieta com frutas cítricas (que contêm vitamina C e são benéficas tanto interna quanto externamente), tomar muita água e dar início a um criterioso processo de remoção de impurezas do organismo e da pele.

Além de alterar a dieta, tornando-a mais leve, passe a tomar um desses *depurativos:*

Alfazema com calêndula

Partes iguais de alfazema, trevo-branco, casca interna e macia de sabugueiro e pétalas de calêndula.

Junte os ingredientes a 1/2 litro de água fervente e aguarde cerca de 5 minutos, mantendo o recipiente tampado. Tome 1 xícara de manhã e outra à noite. Conserve na geladeira.

Framboesa com salva

20g   de folhas de framboesa
20g   de salva

20g de folhas de pilriteiro

Caso prefira medir, empregue 1 colher de sopa de cada erva para 1 litro de água.

Leve ao fogo e deixe ferver até a evaporação reduzir o líquido a 3/4 partes de seu volume. Conserve na geladeira. Tome 1 xícara por dia.

Suco verde

Agrião, taraxaco e borragem em partes iguais.

Pique, bata no liquidificador e extraia o suco das três plantas. Coloque em um frasco de vidro com tampa e conserve no congelador. Tome 1 colher de chá duas vezes ao dia.

Especificamente contra o **acne**, é preciso manter sob controle o funcionamento das glândulas sebáceas, empregando-se um sabonete bem suave ou aveia moída (ver abaixo) para lavar duas vezes ao dia as áreas afetadas. Use uma maquilagem leve, para disfarçar as imperfeições, o que reduz a tensão emocional e também contribui para a eliminação do problema.

A pele oleosa é também sensível aos agentes externos, ao contrário do que se imagina, não sendo, portanto, conveniente expô-la muito ao sol, embora o calor elimine em parte o excesso de gordura e torne a epiderme mais macia. Seguem-se algumas fórmulas contra a oleosidade excessiva.

Aveia moída

1 punhado de aveia
Um pouco de água

Faça um mingau e friccione com ele todo o rosto, mas dê especial atenção aos pontos infeccionados, pontos pretos, manchas, etc. Ao contrário do que acontece com os sabonetes perfumados, o mingau de aveia não ataca apele, impedindo apenas que ela seja um meio ambiente propício à proliferação dos microrganismos nocivos. Remova-o com água morna.

Limão com clara

1/2 limão (suco)
1 clara de ovo
Algumas gotas de água de rosas

Bata a clara em neve e adicione-lhe o limão e a água de rosas. Misture bem. O efeito dessa loção é muito rápido, embora você precise conservá-la no rosto durante 30 minutos. Lave depois com água morna.

Melão com iogurte

1 colher de sopa de polpa de melão maduro
Um pouco de iogurte caseiro
1 clara de ovo

Amasse com um garfo a polpa do melão. Bata, à parte, a clara de ovo em neve. Junte os dois ingredientes ao volume de iogurte que julgar melhor e misture bem. Aplique sobre o rosto, deixe secar (isso leva uns 15 minutos) e remova com água morna.

Iogurte com tomate

É só transformar um tomate em purê e juntá-lo ao iogurte nas proporções que preferir. Aplique no rosto e aguarde 20 minutos. Remova com água morna. Se tiver pele muito oleosa, substitua o iogurte por giz ou caulim, que produzirá uma liga adstringente mais ativa.

Pode-se substituir o tomate pelo pepino, batata ou amêndoas, transformando-os primeiro em pasta. O suco de limão é também um bom sucedâneo. Se preferir um aroma mais agradável, adicione algumas gotas de água de rosas.

E existem os casos dos **poros dilatados**, cujo grande inconveniente é servirem de receptáculo para o produto das glândulas sebáceas, o suor, as células mortas e as impurezas do meio ambiente. Para limpá-los (e fechá-los um pouco), aplique:

Amêndoas com leite

Água de rosas
Amêndoas moídas
Leite (ou iogurte)

Misture os ingredientes e aplique como máscara facial duas vezes por semana. Aguarde 20 minutos e remova com água morna.

Outros ingredientes para limpar os poros dilatados são a salva, o sabugueiro e o suco de limão. Empregue estas fórmulas:

Infusão de salva

1/2 xícara de folhas de salva
225ml de água

Ferva a água, adicione as folhas e conserve de molho em recipiente fechado durante 10 minutos. Coe, coloque numa garrafa e tampe. Lave o rosto com a infusão, se todo ele for oleoso. Caso contrário, faça aplicações tópicas com um tecido de algodão. A pele seca não deve receber esse tipo de tratamento.

Água de rosas com óleo de limão

 5ml de água de rosas
 5ml de óleo de limão
 25ml de álcool
 2   gotas de bergamota

Despeje todos os ingredientes numa garrafa, tampe e agite vigorosamente. Terá uma loção adstringente que ajudará a combater manchas e cravos resultantes da pele excessivamente oleosa e suja. Faça todos os dias, com esta loção, uma lavagem da área afetada do rosto, pescoço, etc.

Já que falamos dos *cravos,* um conselho: nada de pressa para removê-los espremendo-os sem uma preparação conveniente, o que só contribui para o agravamento do problema.

São necessários apenas 10 minutos para um trabalho perfeito. Faça assim: depois de limpar o rosto, lave-o com um sabonete suave (o de azeite de oliva por exemplo). Aplique sobre a pele 1/2 xícara de leite morno, com um tecido de algodão. Daí a 10 minutos, o leite terá penetrado nos poros, amaciando os cravos. Chegou a hora de espremê-los, com as mãos bem limpas e tomando o cuidado de impedir que as unhas penetrem na pele, pois feri-la contribuiria para o ressurgimento do mesmo problema, ou de outro semelhante. Terminada a operação, lave o rosto com água morna.

> Vejamos agora os **cremes contra sardas.**

Não é possível eliminar as sardas, pois esse tipo de pigmentação da pele é uma reação natural do organismo à luz. Não se preocupe muito com as sardas, a menos que assumam dimensões alarmantes, sob a forma de manchas antiestéticas. A melhor providência é não tomar banhos de sol em excesso.

Para clareá-las, convém fazer lavagens freqüentes da área afetada com infusão de flores de prímula, folhas de alecrim ou de salsa, suco de limão, tomate, berinjela ou pepino. O suco de rábano-rústico é o mais eficaz, mas infelizmente não se pode aplicá-lo ao rosto, pois ele irrita a pele delicada. Vejamos as fórmulas específicas:

Alecrim com espermacete

100ml	de óleo de essência de alecrim
15g	de espermacete
50ml	de suco de limão
15g	de cera branca

Inicialmente, misture a cera com o espermacete. À parte, aqueça o óleo de alecrim e o suco de limão, para garantir uma mistura homogênea. Junte-os e, sem deixar o líquido esfriar, despeje-o na mistura de espermacete com cera, batendo sem parar, até o creme ficar frio.

Clara com limão

1/2	limão (suco)
1	clara de ovo
10g	de açúcar queimado
20ml	de água destilada

Depois de bater a clara em neve, adicione pouco a pouco os demais ingredientes, mexendo sem parar. Este é um creme especial para fazer massagens antes de se recolher ao leito. Pode parecer um tanto pegajoso, mas esse inconveniente é insignificante comparado às propriedades benéficas do produto.

Rábano-rústico com vinagre

1 raíz de rábano-rústico
1/2 l de vinagre de vinho

Rale o rábano-rústico bem fino, junte-o ao vinagre, coe e engarrafe. Arrolhe e exponha-o ao sol durante dois dias. Aplique antes de se deitar, mas nunca no rosto, conforme já alertamos. O aroma é forte. A infusão clareia a pele e tem outra vantagem: afugenta os mosquitos.

Sementes de abóbora

Azeite de oliva
Polpa de sementes de abóbora

Descasque as sementes e soque-as num pilãozinho, transformando-as em pó. Faça uma pasta adicionando o volume de azeite que julgar necessário para conferir-lhe a devida consistência. Além de remover sardas, esse creme é um bom amaciante da pele.

Os Olhos

Banhar com chás de ervas os olhos inchados, cansados, vermelhos ou irritados é a melhor forma de tratamento, mas deve-se tomar o cuidado de usar no preparo água destilada e coar cuidadosamente, para que não restem partículas sólidas em suspensão.

Uma infusão de camomila ou decocção de cavalinha ou de sementes de funcho dá alívio aos *olhos inchados*. Outro tratamento consiste no emprego de pequenas compressas de tecido de algodão embebidas em água de hamamélis.

É simples: aplique um creme protetor, deite-se, feche os olhos, coloque as compressas sobre eles, descontraia-se e aguarde 10 minutos. A seguir, retire e lave com água morna. A aplicação do creme evita que a hamamélis, uma planta com propriedades adstringentes, provoque irritação em peles hipersensíveis.

> Outra fórmula para **olhos inchados** é a:

Compressa de centáurea

    1   punhado de flores de centáurea
250ml   de água destilada

Deixe as flores ferverem durante 10 minutos. Depois de frio, coe bem e empregue como se fosse água de hamamélis, recorrendo nesse caso ao creme protetor.

Para **olheiras**, a fórmula é a seguinte:

Compressa de flores de limeira

    1   punhado de flores de limeira
    250ml de água destilada

Da mesma forma, deixe as flores ferverem durante 10 minutos, espere esfriar e coe bem. Empregue do mesmo modo que a compressa de hamamélis, mas sem o creme protetor, pois a flor de limeira não causa irritação.

Para **olhos cansados**:

Purê de tomate

É só passar um tomate grande e maduro pela peneira, dividir a polpa em partes iguais e embrulhá-la em dois pedaços de musselina ou de tecido de algodão. Deite-se e aplique sobre as pálpebras durante 20 minutos.

Rodelas de pepino

Basta cortar o pepino em rodelas, deitar-se e aplicá-las sobre os olhos fechados durante 15 minutos. O suco refrescante do pepino suavizará seus olhos, dando-lhes novo brilho. Você pode fazer o mesmo com 2 saquinhos de chá frio, que contém tanino e produz resultados idênticos.

Para **olhos injetados**:

Infusão de eufrásia

28g de eufrásia seca
1/2 l de água fervente

Despeje a água fervente sobre a erva, tampe o recipiente e deixe de 5 a 10 minutos. Coe bem, deixe esfriar e banhe os olhos com a loção três vezes ao dia. A tradição consagrou a eufrásia como ingrediente natural para o tratamento de qualquer problema dos olhos.

> Agora, dois cremes nutritivos que evitam o surgimento de **rugas precoces:**

Germe de trigo com óleo de alecrim

25g de germe de trigo
50ml de óleo de essência de alecrim
25g de manteiga de cacau

Depois de aquecer e juntar os ingredientes, bata até o creme ficar frio. Aplique na pele em torno dos olhos.

Suco de melão

Extraia o suco de um pedaço de melão maduro e aplique na área em torno dos olhos. O melão contém uma enzima amaciante que, no entanto, enrijece a pele flácida.

E há também os **exercícios para os olhos**, que trazem benefícios generalizados. Ei-los:

a) Fique de frente para uma parede, olhando fixamente um determinado ponto. Abra bem os olhos, erga os supercílios e feche as pálpebras, forçando-as ao máximo. Relaxe-se e repita esse exercício mais 5 vezes.

b) Na mesma posição anterior, olhando fixamente à frente, abra os olhos, contraia um pouco os músculos ao seu redor e feche-os bem. Relaxe-se e repita mais 4 vezes.

c) Ainda na posição anterior, sem mover a cabeça, olhe de esguelha o máximo que puder, primeiro para a esquerda e depois para a direita. Faça isso 10 vezes.

d) Ainda na mesma posição, sem mover a cabeça, olhe ao máximo para cima e depois ao máximo para baixo. Repita mais 9 vezes.

Os cílios e as sobrancelhas devem ser tratados como se fossem parte de nosso couro cabeludo. Reserve um pouco dos preparados que usa nos cabelos para aplicá-los com um tecido de algodão nas sobrancelhas e cílios. Jamais aplique tônicos capilares que contenham álcool.

Fora disso, empregue cremes oleosos, que são especialmente indicados nos casos em que as sobrancelhas e os cílios foram agredidos pela máscara facial ou por um creme que ficou muito tempo sobre o rosto. Um bom método preventivo consiste na aplicação, todas as noites, antes de se deitar, de um pouquinho de óleo de amêndoa ou azeite de oliva. Os efeitos são notáveis, especialmente nos cílios, que se tornarão mais sedosos, longos e macios. Não deixe o óleo de oliva atingir o globo ocular, pois pode provocar ardência.

Para evitar a **queda das sobrancelhas**, empregue:

Camomila com centáurea

10g de camomila
10g de centáurea
10g de fumária
10g de folhas de salva
10g de urtiga-morta (*Mercurialis annua*)

Misture as ervas e empregue, de cada vez, 1 colher de sopa para 1 xícara de água fervente. Coe e aplique ainda quente para lavar os cílios e as sobrancelhas.

Óleo de amêndoa

Embeba no óleo um pincel para cílios e passe sobre eles e as sobrancelhas, todas as noites. Além disso, evite máscaras faciais sólidas ou que precisem ficar muito tempo sobre o rosto, pois elas são difíceis de remover e tornam os cílios mais escassos.

> Eis uma **pomada para os cílios**:

Vaselina com alfazema

20g de vaselina
1gota de óleo de alfazema
5ml de óleo de rícino
1ml de suco de noz

Primeiro, derreta a vaselina; depois adicione-lhe os demais ingredientes e deixe esfriar. Aplique com um pincel próprio. Não deixe escorrer para o globo ocular.

A Boca

A cavidade bucal

Ter lábios frescos e corados é mais fácil do que garantir o aroma do hálito ou a saúde da mucosa da cavidade bucal. É que a qualidade dos alimentos se manifesta muitas vezes por meio da respiração, daí valendo pouco os gargarejos, a escovação dos dentes e outros métodos, embora estes tenham grande importância.

Todo o problema pode ser resolvido com a ingestão de hortaliças ricas em clorofila, como agrião, hortelã-pimenta, folhas de nabo, de beterraba e de salsa. Seu aroma cai na circulação sangüínea, por meio da absorção, chega aos pulmões e, obviamente, dá ao hálito o frescor desejado. Além disso, a clorofila é benéfica a todo o organismo.

Basta mastigar as hortaliças folhosas ou empregá-las como ingrediente de saladas. Outro processo, que exige mais trabalho, é misturá-las, esmagá-las e extrair-lhes o suco, tomando um pouco de vez em quando. E existe uma especiaria de efeito imediato para se obter um hálito agradável: o cravo; basta chupá-lo durante algum tempo.

> Paralelamente, faça gargarejos com as seguintes fórmulas para eliminar em parte o risco do **mau hálito**:

Alfazema

    1   xícara de flores de alfazema
1/2 l de água

Deixe a alfazema de molho em água fervente durante 15 minutos, coe, espere esfriar e faça gargarejos. A alfazema é refrescante e aromática.

Anis-estrelado

  10g   de anis-estrelado
  20g   de folhas de erva-doce
  3ml   de óleo de menta
200ml de álcool de 90 graus
  10g   de angélica
   5g   de canela em casca
   5g   de cravo

Despeje todas as especiarias e ervas no álcool. Conserve em recipiente fechado, de louça ou de vidro, durante 15 dias. Filtre e adicione o óleo de menta. Para usar, dilua 1 colher de chá dessa mistura num copo de água.

Essência de menta

1 gota num copo de água fria

Enxágüe bem a boca após a refeição. Essa é uma fórmula própria para se usar após uma refeição muito condimentada.

Salva

1/2   xícara de folhas de salva
1/2 l de água

Ferva a água, despeje sobre as folhas, tampe o recipiente e deixe durante 15 minutos. Coe e lave a boca ou faça gargarejos. Esta fórmula é especialmente indicada para quem tem ferimentos na mucosa bucal ou sangramento nas gengivas.

Tomilho

    30g de tomilho
    1/2 l de conhaque

Deixe o tomilho de molho no conhaque durante 15 dias. Para usar, dilua 2 colheres de sobremesa dessa mistura num copo de água. Pode parecer caro, mas compensa.

Os dentes

Os pós de ervas foram os precursores dos dentifrícios. Apesar de sua simplicidade, sempre conseguiram garantir a limpeza dos dentes, motivo pelo qual voltam a ficar em voga. E o caso do pó de salva (que se aplica com uma escova) ou de cinza de alecrim (com a qual se fazem sachês para friccionar e polir os dentes). Usa-se também pó de carvão de madeira para se obter o mesmo efeito. Existe ainda o sal marinho, que simplesmente se dilui em água para lavar a boca, friccionando os dentes. Além disso, há os chás de verbena ou de alfazema.

Segundo recente relatório de uma organização de defesa do consumidor, os dentifrícios comerciais são ineficientes no combate às cáries. Sua grande popularidade deve-se apenas à publicidade, que explora de todas as formas o seu sabor e aroma. É certo que o flúor contido em alguns dentifrícios evita as cáries das crianças. Mas, então, por que os melhores especialistas em odontologia aconselham principal-mente o uso interno do flúor, sob a forma de tabletes? É que as bactérias são apenas um dos causadores das cáries, e há motivos mais profundos, como é o caso da insuficiência alimentar.

> Vejamos algumas fórmulas de dentifrícios:

Carvão de pão

Transforme uma fatia de pão integral em carvão, reduza-a a pó e misture 1 colher de chá desse pó com 1 colher de chá de mel, formando uma pasta. Utilize a pasta com uma escova. Enxágüe a boca com água fria.

Casca de limão

Tire cascas bem finas de um limão e friccione com elas os dentes, para clareá-los, e as gengivas, para enrijecê-las. A seguir, enxágüe a boca, pois o sumo de limão é irritante.

Morangos esmagados

Esmague alguns morangos maduros e empregue-os como dentifrício. Embeba neles a escova e aplique, principalmente com movimentos verticais, para a melhor penetração do sumo e a remoção de restos de comida.

Sal marinho

Umedeça o sal e aplique nos dentes: é um ótimo tratamento para remover manchas causadas pelo fumo ou pelo vinho. Não use todos os dias, pois pode acabar comprometendo o esmalte dos dentes.

Salva seca

Reduza a pó um punhado de folhas secas de salva e friccione os dentes, para clareá-los e remover-lhes as possíveis manchas.

A propósito; a escova é um auxiliar indispensável, qualquer que seja o tratamento bucal. Substitua-a portanto a cada dois meses, para garantir sua melhor eficácia.

Mas as águas para gargarejos ou os ingredientes específicos que substituem os dentifrícios terão sua eficácia reduzida quando as bactérias que causam as cáries encontrarem um meio ambiente propício (ácido) para sua proliferação. Por isso, exclua da alimentação os açúcares, doces e refrigerantes, ou remova seus resíduos dos dentes logo após a ingestão. De qualquer forma, os açúcares provocam a descalcificação, minando assim pela base a saúde dos dentes.

O melhor exercício para os dentes é a mastigação, de preferência quando a dieta é rica em maçã, cenoura, aipo e rabanete. Mastigar vegetais crus é benéfico também para as gengivas.

Encerrando, lembremos que alguns odontólogos recomendam comer um pedacinho de queijo depois de uma refeição que contenha açúcares, pois o queijo forma na boca um ambiente alcalino, pouco propício para a atuação das bactérias que atacam o esmalte dos dentes.

Os lábios

Também os lábios apresentam problemas por causa da alimentação, do excesso de sol e do clima muito seco, dos banhos de mar e até da permanência constante em ambientes com ar condicionado.

O mal mais freqüente são as **rachaduras**, que, além de dolorosas, comprometem um lindo sorriso. Se seus lábios estiverem rachados, recorra a uma das fórmulas que damos abaixo. Caso contrário, precavenha-se com uma dieta mais saudável e fazendo todos os dias este exercício: diga "u" e "ai" rapidamente, várias vezes. A seguir, repita esta frase, dando ênfase ao "u" e ao "i": "O uaimiri do uacarauá varou zunindo o uapé e feriu o uiratauá que o uiaquino ocultava na ubá". Ao final, assobie. E repita.

Manteiga de cacau, iogurte, violeta, óleo de salva, óleo de amêndoa e mel são, entre outros, bons ingredientes contra rachaduras nos lábios. Mas existe outro: a saliva, que é anti-séptica e amaciante. Passe a língua pelos lábios em dois momentos especiais: ao despertar e toda vez que retirar o batom, à noite. Passemos às fórmulas específicas:

Creme de amêndoa

40ml	de óleo de amêndoa
20g	de salva seca
40ml	de água de rosas
10g	de cera de abelha

Junte o óleo à cera. Derreta em fogo brando e adicione a salva. Cozinhe em banho-maria durante 1 hora e meia. Coe e recoloque no fogo direto, mas baixo. Ao mesmo tempo, aqueça a água de rosas e junte ao líquido oleoso, batendo sem parar. Misture bem, retire do fogo e continue batendo até esfriar.

Pomada de violeta

15g	de cera de abelha
40ml	de óleo de essência de rosas
40ml	de infusão de violeta

Junte o óleo à cera, leve-os ao fogo para derreter, retire e adicione a infusão de violeta. Misture bem.

Ungüento de salva

40ml	de óleo de salva
50g	de cera de abelha
40g	de espermacete

Misture o espermacete e a cera. Derreta em fogo brando e despeje o óleo de salva, mexendo bem. Coloque, ainda quente, num potinho, ou, melhor ainda, no recipiente já vazio de um batom, para sua aplicação mais perfeita.

Caso pretenda apenas proteger os lábios de forma discreta, aplique somente vaselina com um pincel próprio. Se preferir um protetor aromatizado, adicione à vaselina 1 ou 2 gotas de essência de amêndoa, de hortelã-pimenta ou de rum. O óleo para bebês também tem função protetora.

E a *cor?* Como obtê-la quando não se quer recorrer a qualquer cosmético comercial? As damas da era vitoriana mordiam os lábios para acentuar-lhes o tom vermelho, mas não precisamos ser tão drásticos. Temos o colorante da cochonilha, inseto que segrega substâncias especiais (cera, laca) que servem de revestimento. Uma espécie de cochonilha já foi empregada para a produção de carmim. Temos também os pós de *milk-shake* (sabores de framboesa ou de morango), que, misturados à vaselina ou a um óleo para bebês, dão a coloração requerida.

Qualquer que seja o preparado utilizado, os pincéis para os lábios são indispensáveis à aplicação correta dos sucedâneos do batom convencional. Se quiser dar maior densidade à pintura, aplique primeiro uma base nos lábios. Pode dar a esta maior ou menor consistência, diluindo-a na própria palma da mão com um pouquinho de creme umectante.

O Nariz

Não são poucas as pessoas que começam a transpirar na região do nariz ao ingerirem alimento apimentado. Pode-se ter pele normal ou seca em todo o rosto, mas oleosa e brilhante no nariz.

Tudo isso pode ser evitado com uma dieta mais equilibrada e com a aplicação de preparados específicos: basta diagnosticar o tipo de pele dessa área tão sensível do rosto, capaz de comprometer todo o conjunto da beleza, e tratá-la com as fórmulas próprias, que constam do capítulo "O rosto e o pescoço".

O brilho está sempre associado à oleosidade – e ambos se aliam para brindar tantas pessoas com o que se chama, depreciativamente, de "nariz de pimentão". Mas também contra a vermelhidão há um ingrediente eficaz: a infusão de hamamélis. A forma do preparo está no capítulo "Como abastecer seu toucador".

As Mãos

A exemplo do rosto, as mãos refletem a idade da pessoa – e, o que é pior, denunciam muitas vezes uma idade a que esta nem sequer chegou. Os enxágües sucessivos, o contato freqüente com detergentes, sabões, gorduras, temperos, vapores da cozinha e com o próprio calor do fogo e fogão, conspiram contra a pele das mãos, tornando-as secas ou enrugadas, ásperas e trincadas, sem viço, sem beleza.

Contra todas essas agressões, o bom senso manda empregar, sempre que possível, luvas e abolir os sabões e detergentes de efeitos enérgicos, que corroem inclusive a camada protetora da pele. Uma providência suplementar é manter sempre ao lado da pia um limão cortado ao meio, que se deve passar em toda a mão a cada intervalo das tarefas domésticas.

Para tarefas mais pesadas em que o emprego de luvas se torna incômodo, convém criar um revestimento natural: um creme com a seguinte fórmula para **proteger as mãos**:

Giz com gema

- 2 colheres de chá de giz
- 2 colheres de chá de azeite de oliva
- 1 gema de ovo

Misture bem e aplique, não se esquecendo de nenhuma parte: entre os dedos, na junção das unhas com a pele, e também por baixo delas. Deixe secar, e mãos à obra! Tão logo termine o trabalho, remova tudo e amacie-as com um pouquinho de azeite de oliva puro.

Uma forma mais branda é o emprego de mingaus de cereais para a proteção de pontos críticos como os cotovelos, os joelhos (dos quais falaremos em capítulo específico), bastando engrossar a massa, formar um emplastro, aplicar e deixar durante 15 minutos. A seguir, lave com água morna.

Já vimos que o azeite de oliva é um bom protetor. O mesmo se pode afirmar do óleo de amêndoa: adicione 1 colherinha na água morna em que vai lavar as mãos.

Também aqui as ervas são de grande valia, pois amaciam e alvejam a pele. Camomila, hamamélis, eucalipto, sabugueiro e alfazema são as mais consagradas pelo uso. Por exemplo, uma decocção de folhas de eucalipto e de hamamélis é eficaz para devolver a brancura das mãos, resultante muitas vezes da má circulação sangüínea. Eis a fórmula para *mãos vermelhas:*

Hamamélis com eucalipto

4 colheres de hamamélis
4 colheres de eucalipto
1 colher de aveia

Ferva as folhas em 1 litro de água durante 30 minutos. Coe e banhe as mãos durante 10 minutos, enquanto o líquido ainda estiver quente. Enxugue-as e esfregue-as com a aveia.

Uma infusão de hamamélis, a aplicação de nata batida ou de clara de ovo em neve são especialmente indicadas para quem sofre de frieira. A alfazema tem propriedades anti-sépticas, além de ser perfumada; e as flores de sabugueiro amaciam e clareiam a pele. Mas vamos às fórmulas mais completas:

Alcatira com água de rosas

    2   colheres de chá de goma de alcatira
    6   colheres de sobremesa de água de rosas
    3   colheres de sobremesa de glicerina

Depois de dissolver a goma de alcatira na água-de-colônia, faça o mesmo com a água de rosas e a glicerina, juntando-as e agitando. Despeje estas na água-de-colônia que recebeu a adição da goma. Não abuse dessa fórmula, pois, como vimos, a glicerina provoca, a médio prazo, ressecamento.

Batata com leite

200g de batatas que contenham bastante polvilho (aquelas que se desmancham com facilidade ao serem cozidas), leite, água de rosas e glicerina.

Depois de esmagar as batatas cozidas, adicione a esse purê o leite e a água de rosas em volumes suficientes para transformá-lo num creme espesso. Misture bem e junte algumas gotas de glicerina. Faça massagens nas mãos aplicando esse creme todos os dias: elas ficarão brancas e macias. Conservado na geladeira, esse creme durará uma semana.

Lanolina com óleo de amêndoa

    10ml   de óleo de amêndoa
    100g   de lanolina
    10ml   de água de rosas
    100g   de vaselina branca

Junte a lanolina e a vaselina, e aqueça-as a seguir. Adicione-lhes o óleo de amêndoa e a água de rosas. Bata, retire do fogo e continue batendo durante 10 minutos. Se puder empregar uma batedeira elétrica, melhor. Deixe descansar 12 horas (uma noite inteira, por exemplo). Torne a bater e conserve em recipiente fechado.

Quina com benjoim

    13ml   de tintura de benjoim
    5g   de bálsamo de quina
    125ml   de álcool de 90 graus

Misture bem todos os ingredientes e agite. Obterá assim uma loção ideal para passar nas mãos de manhã e à noite, nos meses de inverno. Essa loção ajuda a evitar rachaduras e frieiras.

As unhas

Unhas moles, duras, quebradiças ou que se lascam: esses quatro problemas principais com que as mulheres (e os homens) se defrontam podem ser solucionados com providências bem simples.

> Seu **crescimento** se estimula com esta fórmula, de uso interno:

Gelatina com laranja

    2   colheres de chá de gelatina
    1   copo de suco de laranja

Misture e tome todas as manhãs.

Quem tem unhas *fracas e quebradiças* deve evitar os polimentos e a remoção de esmalte com acetona, pois essas duas práticas só contribuem para enfraquecê-las. O polimento precisa ser feito com um pouco de glicerina, o que reforçará as unhas.

Para reforçar as unhas impedindo que elas se lasquem, os ingredientes mais utilizados na cosmética natural são o azeite de oliva, o óleo de amêndoa, o suco de limão e a cavalinha. Eis uma fórmula de emprego externo:

Óleo de amêndoa com limão

1 pouco de óleo de amêndoa (ou de azeite de oliva) e algumas gotas de limão, em volume suficiente para umedecer todas as unhas.

Umedeça as unhas todas as noites nessa solução durante 8 minutos. Empregue um cotonete para recuar as cutículas; intercale este tratamento com fricções de suco de limão pela manhã e com um banho em óleo à noite.

Cavalinha pura

40g de folhas secas de cavalinha
1 l de água

Deixe as folhas de molho em água fria durante 3 horas. Leve ao fogo brando e ferva por 30 minutos. Retire, deixe descansar, coe e tome 3 xícaras por dia. Pode também aplicar diariamente nas unhas ou adotar os dois tratamentos simultâneos; em menos de um mês começam a surgir os sinais de melhora. Unhas fracas revelam carência de cálcio em todo o organismo – e a cavalinha contém muitos sais minerais.

Cera com óleo de milho

15g de cera branca
6 colheres de sopa de óleo de milho
1 colher de chá de óleo de fígado de bacalhau
55ml de água de rosas

Junte os dois óleos e a cera. Leve ao fogo e, quando derreter, vá juntando a água de rosas, gota a gota, batendo energicamente com um garfo para obter um creme homogêneo. Coloque em frascos e deixe esfriar para aplicar.

Maisena com glicerina

   3 colheres de sopa de glicerina
   2 colheres de sopa de maisena
  1/2 xícara de água de rosas

Depois de derreter a glicerina, junte-lhe a maisena, retire do fogo, mexa, recoloque no fogo e continue mexendo até ficar espesso. Retire do fogo e adicione a água de rosas. Deixe esfriar, despeje em frascos e tampe bem.

Tratamento específico

O tratamento que as manicuras aplicam também não pode faltar. E é simples, bastando ter à mão vinagre de maçã, camomila, casca de limão, pétalas de calêndula, sal, mel, gema de ovo, giz de alfaiate, palitos de laranjeira (ou outro empregado pelas especialistas do ramo), lixa, 1 tigelinha e camurça.

Comece por preparar uma ou mais destas soluções, conforme o caso:

Solução A (para reforçar unhas quebradiças)

   2 colheres de chá de vinagre de maçã
   1 tigela de água

Solução B *(para reforçar unhas quebradiças)*

1 colher de sopa de camomila seca ou de pétalas de calêndula
1 xícara de água fervente

Deixe de infusão durante 15 minutos. Coe e aplique.

Solução C *(para nutrir e fortalecer as cutículas)*

1 gema de ovo
1 colher de chá de mel
1 pitada de sal

Se estiver usando algum revestimento nas unhas – esmalte ou outro produto que lhes dê lustro –, empregue um tecido de algodão e um removedor oleoso, fazendo pequenos movimentos circulares, até retirar todo o preparado anterior.

Friccione a parte interna das cascas de limão nas unhas e mãos, aplicando-as também por baixo das unhas e nas cutículas, para alvejá-las, dar-lhes um aroma agradável e tonificá-las.

Ao lixar as unhas, nunca lhes dê formatos pontiagudos. Aplique a lixa a partir das bordas, encerrando o movimento (que deve ser longo) na parte central.

Se empregar apenas a solução A, deixe as unhas e cutículas de molho durante 5 minutos. Quanto à solução B, embeba nela um lenço macio de algodão e envolva cada mão, sucessivamente. Aguarde 5 minutos para retirar o lenço, que deve ser novamente embebido na solução, para a aplicação seguinte. Caso recorra à solução C, deixe as unhas de molho durante 5 minutos e faça depois uma boa limpeza sob elas com palitos próprios para remover todos os traços de mel e gema. Lave a seguir com a solução A.

As Pernas e os Pés

Pernas e pés bem-torneados são um dom da natureza para o qual se contribui com a boa alimentação e os exercícios. Pêlos supérfluos já são uma imposição desnecessária da natureza, mas contra isso podemos agir com eficácia, embora não de forma absoluta. Mas pernas cansadas, pés doloridos, transpiração excessiva, calos nos pés, frieiras, tornozelos inchados, tudo isso é só para quem não está disposto a tomar providências sistemáticas.

Quem se queixa com freqüência de cansaço e cãibras nas pernas precisa reforçar sua dieta com vitamina C, consumindo 2 laranjas por dia, chupando um pouquinho de limão ou tomando-o todas as noites sob a forma de limonada morna. Precisa também verificar se seus calçados são cômodos, cabendo lembrar que a estética deve estar aliada ao conforto, mas disso falaremos em item à parte.

Pêlos supérfluos

Clarear os pêlos das pernas é uma das soluções aconselháveis. Outra, a remoção completa com uma lâmina de barbear, pode ser a mais eficaz a curto prazo; no entanto, a depilação freqüente faz com que as pontas dos pêlos ressurjam rígidas e, portanto, mais visíveis.

Peles ásperas

Os banhos e máscaras destinados a todo o corpo já são um ótimo tratamento para as pernas, pois sua função é limpar, rejuvenescer e restaurar o tecido epidérmico, eliminando ao mesmo tempo suas impurezas. Mas quem tiver pernas de pele áspera caracterizada por pequenas erupções pode friccionar as áreas específicas com luvas de bucha. Substitua a esponja comum por essa luva ao tomar seu banho diário, esfregando apenas as áreas afetadas e protegendo-as depois com óleo de amêndoa.

Os calçados

Pernas cansadas podem ter simplesmente como causa a má circulação sangüínea resultante do uso de calçados inadequados. Seus dedos não devem ser comprimidos, sob pena de se reduzir o fluxo do sangue que abastece os tecidos orgânicos. Por outro lado, não se aconselha, em hipótese alguma, os calçados de materiais sintéticos, que não absorvem o suor nem têm poros para facilitar a transpiração. O ideal são os artigos de couro e meias de fibras naturais.

Mas há também a questão dos modelos. Aconselha-se calçar durante o inverno botinhas de bico arredondado e de saltos médios ou sapatos com a mesma conformação, com contraforte alto. Já no verão o ideal é calçar sandálias de saltos baixos e tiras que não machuquem. Convém ainda incluir nesses cuidados um bom passeio ou andar pela casa com os pés descalços.

A par disso, vale a pena, ao voltar do trabalho, deixar os pés de molho em água enriquecida com 1 colher de vinagre de maçã, porque eles sempre se ressentem – principalmente os dedos –, ainda que o calçado seja confortável.

Se seus pés se apresentam ásperos mesmo com o uso de sapatos e sandálias adequados, convém deixá-los de molho em salmoura, enxugar com toalha e besuntá-los com óleo de oliva. A aplicação do óleo é também um ótimo auxílio para quem precisa caminhar muito, todos os dias. Outra vantagem é que o aumento da oleosidade contribui para embelezar os pés.

Pés e tornozelos

Esses dois estão intimamente ligados: o mal que um sente reflete-se no outro, e vice-versa. Felizmente, existem exercícios e aplicações tópicas que os fazem funcionar em perfeita harmonia.

Para tornozelos fracos, basta fazer com cada pé movimentos circulares da esquerda para a direita e depois da direita para a esquerda, várias vezes. Não se perde tempo com este exercício, que pode ser feito enquanto se vê televisão ou mesmo durante o trabalho, dependendo de seu tipo de atividade.

Para pés inchados, esmague e molhe uma folha de gerânio aplicando-a sobre a área específica. Deite-se e coloque os pés sobre um travesseiro ou qualquer outra coisa, de modo a mantê-los acima do nível da cabeça. Fique assim durante alguns minutos.

Para pés doloridos, use folhas secas de sabugueiro. Transforme-as em pó e adicione-lhes um pouco de greda. Espalhe esse pó secante dentro dos calçados que vai usar.

E existe uma posição repousante para pés doloridos: deite-se com as nádegas encostadas na parede, as pernas e pés paralelos apontando para o teto, de modo a formarem um ângulo reto com o tronco. Fique nessa posição por apenas 5 minutos, todos os dias.

E o que fazer quando há excesso de transpiração, mau cheiro, frieira, calos? A primeira providência é abolir os calçados de material sintético e trocá-los por outros, de couro, que absorvem o suor e não bloqueiam muito a respiração da pele. O mesmo conselho se aplica às meias, que devem ser de fibras naturais.

Certos banhos de ervas ajudam a regular a transpiração, limpam os poros obstruídos e contribuem para eliminar o *mau cheiro*. Entre essas ervas, contam-se o alecrim, o nenúfar-branco, as folhas de carvalho e de amora-preta.

Para eliminar o mau cheiro resultante da transpiração abundante, deixe os pés de molho, duas ou mais vezes por semana, numa infusão de alecrim ou de nenúfar-branco, ou numa decocção de folhas de carvalho. O nenúfar tem uma segunda vantagem: é perfumado.

Mas as folhas de amora-preta são também um bom desodorante. Ferva 4 colheres de folhas em 2 litros de água durante 10 minutos, espere ficar morno e lave os pés, quantas vezes julgar necessário.

Calos e frieiras

Para eliminar os calos, o melhor remédio caseiro continua sendo a cebola crua. Antes de se deitar, corte uma rodela de cebola e aplique no local, prendendo-a com um emplastro. A cebola atuará enquanto você dorme. Repita todas as noites, até o desaparecimento do calo.

Para frieira causada pela má circulação sanguínea, um dos remédios caseiros ideais é a castanha-da-índia, não o miolo, mas as cascas. Faça uma decocção com 1 xícara de cascas e 1 litro de água. Banhe os pés quantas vezes quiser.

Outro remédio são as folhas de margarida. Faça uma infusão com 2 colheres de chá de folhas secas de margarida em ½ litro de água. Tome 2 colheres de sobremesa da infusão todos os dias, na época do frio.

Passemos a algumas fórmulas mais complexas:

Alecrim com camomila (para pés cansados)

- 15g de alecrim
- 20g de manjerona
- 25g de hortelã-pimenta
- 10g de tomilho

Depois de misturar todas as ervas, empregue apenas 2 colheres de sopa dessa mistura em 1 litro de água. Deixe ferver 5 minutos, coe e despeje na bacia. Espere esfriar e lave os pés.

Cebola assada (contra calos)

1 cebola assada e igual volume de sabão neutro (que pode ser o de azeite de oliva)

Misture os dois ingredientes e espalhe a massa sobre um retalho de algodão. Aplique-a no calo o número de vezes necessário para sua eliminação.

Cebola com vinagre (contra calos)

- 2 rodelas de cebola
- 250ml de vinagre de maçã
- 2 fatias de pão branco

Coloque o pão e a cebola numa vasilha, sem desmanchar as rodelas. Adicione o vinagre e deixe por 24 horas. Aplique no calo uma fatia de pão e friccione transformando-a em pasta. Arremate com uma rodela inteira de cebola, prenda com gaze e bandagem, coloque uma meia e deite-se. Só retire na manhã seguinte. Pode ser meio incômodo, mas resolve.

Figos com mel (contra frieira)

2   figos
Mel (um pouco)

Torre os figos no forno, transforme-os depois em pó e misture com o mel. É só aplicar sobre as frieiras, com a freqüência que seu caso exigir.

Um tratamento em sete etapas

Se puder seguir uma vez por semana este tratamento, faça-o. Basta munir-se de um pedaço de camurça, 1 bacia pequena, giz de alfaiate, 1 colher de sopa de sal, 1 colher de óleo de milho (ou azeite de oliva), pedra-pomes, 2 colheres de sopa de vinagre de maçã, casca fina de limão, palitos de pedicure e tesourinhas para unhas.

Faça a salmoura na bacia e deixe os pés de molho no líquido durante 10 minutos.

Depois de enxugar bem os pés, aplique-lhes o óleo, friccionando especialmente nas plantas, nos calcanhares, nos pontos calosos e entre os dedos.

Ao fim de alguns minutos, friccione as áreas calosas muito suavemente com a pedra-pomes, para remover a pele morta amolecida.

Substitua a salmoura por água morna e adicione-lhe o vinagre de maçã. Enxágüe bem os pés nessa mistura.

Agora, com um pé de cada vez descansando sobre uma cadeira coberta por um pano, empregue um palito para fazer as cutículas recuarem. Friccione com a parte interna da casca fina de limão as áreas descobertas pelas cutículas.

Depois de adotar esse procedimento nos dedos, deixe os pés secarem sozinhos. Distribua sobre cada unha um pouquinho de giz de alfaiate e faça o polimento com a camurça, para conferir-lhes brilho. Pode ser um processo longo, mas convém perguntar: quanto tempo se passa uma vez por semana na manicure ou pedicure?

Os Pontos Críticos

As axilas, a área pubiana, os cotovelos, joelhos e tornozelos são os pontos críticos aos quais se precisa dispensar tratamentos especiais que suplementam os métodos gerais de preservação ou restauração da beleza.

Transpiração e odor desagradável, pele áspera e flácida, inchaços temporários resultantes de certas atividades cotidianas e flacidez de certos pontos são as causas básicas desses problemas com que todas nos defrontamos, em maior ou menor grau.

Axilas e púbis

Se nosso corpo contém 2 milhões de glândulas sudoríparas, é prova de que precisa delas, por suas razões: para eliminar toxinas e manter o equilíbrio térmico. Trata-se de minúsculas destilarias que funcionam também como termostato: a eliminação do suor faz com que o organismo se mantenha dentro de certos limites ideais de calor.

Essas glândulas se dividem em dois tipos: as que se situam especialmente nas palmas das mãos e plantas dos pés, embora existam em todo o corpo; e as que se situam antes de tudo nas axilas e na área pubiana. As primeiras secretam fluidos ininterruptamente, ao passo que as segundas têm funcionamento intermitente, dependendo do estado emocional da pessoa.

As glândulas das axilas e do púbis produzem um líquido leitoso que, ao ser atacado pelas bactérias, dá origem ao mau cheiro. Já as glândulas das palmas das mãos, plantas dos pés e outras áreas secretam apenas um líquido claro composto de água e sais, que não se decompõe pela ação das bactérias, mas contribui para a virulência da atuação delas.

Portanto, a higiene geral é a primeira providência a se tomar, para que as bactérias não se encontrem meio propício de atuação. Pode-se também fazer a higienização dos pontos críticos com uma esponja embebida numa solução de água e vinagre, ou de água de alfazema. Eis aqui duas sugestões indispensáveis para substituir com vantagem os desodorantes comerciais que, entre outras coisas, podem causar alergias ou deixar manchas irremovíveis nas roupas. O vinagre tem ainda a peculiaridade de restaurar a acidez da camada epidérmica.

Você pode também preparar esta decocção desodorante *para lavar as axilas*, obtendo resultados compensadores:

Loção de crisântemo

1 xícara de flores de crisântemo
½ litro de água

Ferva as flores durante 30 minutos, esmague-as, coe e use.

Outra fórmula eficaz é aquela em que a clorofila predomina em seu estado puro. Ei-la:

Folhas sortidas

1 punhado de agrião, salsa, alface, espinafre e hortelã-pimenta

Pique tudo bem fino, coloque dentro de um saquinho de musselina, amarre e friccione as axilas depois do banho. Deixe secar antes de se vestir. É que a umidade contribui para a virulência das bactérias. Aliás, esse conselho se aplica a qualquer tipo de desodorante.

As fórmulas mencionadas são também eficazes *para aplicações na área pubiana.*

O *pescoço*

O uso abusivo de agasalhos com gola olímpica no inverno – especialmente quando feitos de fibras sintéticas – é uma das grandes causas da aparência seca e áspera da pele do pescoço. A pele não respira direito, torna-se suja, pardacenta. Em contrapartida, quando se evitam as golas olímpicas e se adotam os tecidos de fibras naturais, as melhorias surgem a olhos vistos.

A par dessa providência, quem tiver pescoço cuja pele não se harmoniza com a do restante do corpo deve exercitar os músculos dessa área. Se for esse o seu caso, diga "ié" 50 vezes logo após se levantar. Prossiga o exercício movendo a cabeça para cima e para baixo; e complete com movimentos circulares do pescoço, movendo a cabeça da esquerda para a direita, e vice-versa. São três tipos de movimentos distintos, que é preciso repetir 50 vezes.

Já à noite, aplique óleo de milho morno, massageando o pescoço de baixo para cima. E, pelo menos uma vez por semana, faça uma espécie de máscara de:

Ovo com levedura

1 xícara de óleo de milho morno
1 gema de ovo
1 colher de sopa de levedura de cerveja

Misture bem, aplique sobre as áreas problemáticas e só remova após 15 minutos, com água morna.

Os cotovelos

Se eles apresentam imperfeições (como quase sempre acontece), pior para nós, pois são pontos aos quais não costumamos dedicar toda a atenção, mas que são bem visíveis. E, no entanto, o tratamento é simples, como se verá pela sugestão abaixo:

Conchas de limão

2 metades de limão, bem grandes

Esprema o caldo e deixe os cotovelos repousarem dentro das duas metades durante alguns minutos.

Outro método é friccioná-los freqüentemente com óleo para bebês depois do banho ou aplicar um pouquinho de maionese caseira momentos antes de ir para o chuveiro ou banheira. Ovos, água, vinagre de maçã, mel, cascas de abacate e mingau de cereais são todos ingredientes eficazes contra a aspereza dos cotovelos. A dose aproximada é 1 xícara de água para 1 colher de sopa de cada ingrediente, que se usa em separado, um de cada vez.

Os joelhos

Quem tem joelhos intumescidos deve observar se não fica de pé muitas horas por dia, pois a retenção de líquidos nas pernas provoca o inchaço das articulações. Para minorar o problema, deve-se apenas estender-se na cama, apoiar os pés em algo que fique acima do nível da cabeça e depois fazer massagens locais.

Mas pode ser que os joelhos tenham pele áspera, e então chega a vez do emprego de alguns ingredientes bem simples, embora eficazes:

Gema com óleo

1 gema de ovo
½ xícara de leite
1 colher de sopa de óleo de milho (ou de oliva)

Misture bem, aplique sobre a pele, friccione e só remova, enxagüando, após 15 minutos.

Outra fórmula de eficácia comprovada é a seguinte:

Casca de limão com azeite

½ limão (casca)
2 colheres de sopa de azeite de oliva

Corte um limão ao meio, retire todos os seus gomos e pele, formando assim uma concha. Vire essa concha pelo avesso e despeje dentro o azeite de oliva. Aguarde 12 horas, despeje o azeite numa panelinha, aqueça um pouco e friccione com ele a parte áspera e seca da pele.

Os tornozelos

Eles podem apresentar-se inchados (uma conseqüência, quase sempre, de nosso tipo de trabalho), ou secos, ásperos e irritados. Se tiver esse problema, recorra aos mesmos ingredientes indicados para os joelhos, reforçando com alho-porro, cebola ou mingau de aveia com leite.

Ao preparar o alho-porro para servir à mesa, faça-o de duas maneiras: guarde a água do cozimento para banhar a região afetada, ou reserve duas folhas completas, já meio cozidas, para enrolar nos tornozelos, fazendo uma espécie de bandagem. Pode também empregar cebola, embora o cheiro seja mais ativo.

Se seus tornozelos estiverem doloridos e vermelhos, o mais indicado é a aplicação, nos pontos sensíveis, de um preparado com leite e mel. Fique em posição de repouso, distribua o mingau e aguarde 15 minutos para removê-lo com água morna. O alívio será imediato.

No mais, é adotar o tratamento destinado a cada tipo de pele ao lidar com os "pontos críticos" do corpo, fazendo-se estas perguntas:

1. Minha dieta está correta?

2. Em que medida meu tipo de ocupação interfere na saúde de minha pele?

3. Que providências posso adotar para ao menos reduzir seus efeitos?

4. Que tipo (ou tipos) de pele tenho em cada área do corpo, para dispensar-lhes a atenção que merecem?

Os tratamentos, adotados com base nas respostas que você mesma se der, contribuirão, pouco a pouco, para o reequilíbrio das funções orgânicas internas e externas. Sua pele o demonstrará paulatinamente, pois é nela que se reflete a perfeição do corpo em toda a sua pujança.

Fragrâncias para Cada Ocasião

Perfumes naturais que impregnam o ambiente e se transferem para as roupas de cama e peças do vestuário podem ser feitos em casa, de três formas: extraindo-se as essências e óleos das flores e plantas, comprando os ingredientes em casas especializadas ou fazendo am média entre esses dois expedientes: extraindo uns e comprando outros.

E a satisfação será enorme: dormiremos entre lençóis aromáticos e nossa pele absorverá parte da fragrância, bastando colocar bolsinhas de ervas (sachês) nas gavetas, no guarda-roupa e dentro das fronhas. Outro recurso é fazer o mesmo com bolinhas de cera enriquecidas com ervas e especiarias. Pode-se ainda perfumar o ambiente queimando folhas de plantas, puras ou com um pouquinho de açúcar.

Mas há também as águas-de-colônia e as águas de alfazema, para perfurmar banhos ou passar na pele. É só providenciar a aquisição dos ingredientes principais: cera de abelha, alecrim, alfazema, pó de lírio-florentino, rosas, cravo, canela, gerânio-rosa, tomilho, hortelã-pimenta, cal, alcaravia, essência de bergamota e de limão, óleos essenciais, âmbar gris, água de rosas, vinagre e álcool etílico (etanol) retificado. Vejamos as fórmulas.

Perfumadores de ambiente

Alfazema com tomilho

20g	de tomilho seco
250g	de flores de alfzema
10g	de alcaravia em pó
10g	de cravo em pó
40g	de sal seco
20g	de hortelã-pimenta

Depois de secar as ervas e flores, misture-as. Adicione por último as que estão sob a forma de pó. Conserve em recipiente fechado durante um mês, antes de usar.

Rosa com canela

1	colher de sobremesa de canela em pó
20	rosas
	Canela em pau
12	cravos
	Algumas gotas de óleo de gerânio-rosa
½	xícara de lírio-florentino em pó
20	folhas de gerânio-rosa

O preparado das ervas e flores é feito como indicado acima. À parte, pingue o óleo no pó de lírio. Misture as ervas, flores e especiarias. Adicione-lhes o pó. Conserve durante um mês em recipiente fechado, antes de usar.

Águas-de-colônia

Com óleos essenciais

1 l	de álcool de 90 graus
10ml	de óleo de bergamota
10ml	de óleo de laranja
2ml	de óleo de alecrim
2ml	de óleo de laranjeira
10ml	de óleo de limão

Coloque todos os ingredientes num recipiente de vidro com rolha e capacidade para mais de 1 litro. Feche bem e agite três vezes ao dia, durante uma quinzena. Coe em filtro de papel e conserve em garrafinhas bem fechadas.

Bergamota com âmbar

2mg	de âmbar gris
4ml	de essência de bergamota
4g	de limão-galego
2ml	de essência de limão
2 l	de álcool etílico (etanol) retificado

Siga todas as instruções da fórmula anterior, duplicando obviamente a capacidade do recipiente.

Águas de alfazema

Com água de rosas

    125ml   de água de rosas
    75ml   de vinagre
    1 l   de infusão de alfazema

Basta despejar todos os ingredientes numa garrafa, arrolhar e agitar bem todos os dias. Aguarde um mês para adicionar à água do banho.

Com essência de bergamota

    20ml   de óleo de alfazema
    20ml   de essência de bergamota
    10ml   de essência de âmbar gris
    1 l   de álcool etílico (etanol) retificado

Siga as instruções da fórmula anterior.

Bolinhas perfumadas

Cera com ervas

    Cera de abelha e ervas aromáticas na proporção que desejar

Misture as ervas com a cera, esmague bem para dar homogeneidade à massa e forme bolinhas que possa distribuir pelas gavetas e no guarda-roupa.

Encerrando, lembramos que os volumes indicados formam apenas a base para a variação que você poderá introduzir em cada receita, dependendo da preferência que tem por este ou aquele aroma.

E não precisa limitar-se aos ingredientes que citamos, pois é infindável a lista de fontes de fragrâncias com que a natureza nos brindou: açafroeira, coriandro, manjericão, manjerona, violeta, cidrão, noz-moscada, cedro, louro, flor de laranjeira, cravo, etc.

Alguns podem ser encontrados apenas em drogarias especializadas, mas uma boa parte pode ser encontrada, em épocas determinadas do ano, nas feiras e supermercados. Desidrate-os e conserve-os em recipientes fechados, ou extraia os óleos essenciais, por processos simples que lhe dão o prazer de contribuir com suas próprias mãos para a saúde, o aroma e a beleza de sua pele.

E para os Homens, Nada?

Nada disso. Com as devidas variações que as peculiaridades anatômicas e o tipo de atividade sugerem, podemos afirmar que tudo o que foi exposto até aqui em relação às mulheres também se aplica aos homens.

Claro que eles não têm a inconveniência dos pêlos supérfluos (seu problema é o oposto, muitas vezes), não precisam preocupar-se tanto com as rugas, nem tem que fazer lavagens íntimas.

Quanto ao resto, os homens costumam ter as mesmas preocupações que as mulheres com sua aparência, vendo-se obviamente a braços com os mesmos problemas, agravados por dois fatores: a calvície e o uso freqüente do barbeador.

A calvície

Já dissemos aqui, e repetimos, que cosmético nenhum, por mais milagroso que seja, transforma um calvo em cabeludo. Com isso em mente, os homens podem recorrer às nossas formulas no capítulo "Os cabelos", levando ainda em conta estes conselhos:

1. Não se deve lavar a cabeça com xampus anticaspa muito potentes, pois seu uso freqüente enfraquece cabelos que já possuem tendência a cair;

2. Se a queda dos cabelos for acentuada, deve-se fazer massagens diárias para estimular a circulação sangüínea e reforçar a dieta com alimentos ricos em vitaminas;

3. A atividade hormonal que pode provocar a calvície é acelerada pelas tensões, sendo, portanto, conveniente evitar preocupações e adotar um regime diário de repouso;

4. Os dentes do pente não podem ser muito juntos, nem pontiagudos. Uma escova macia ainda é o mais aconselhável quando os cabelos começam a escassear.

A pele do rosto

Nem sempre acontece de a pele masculina ser mais rígida ou resistente que a feminina. Mas a pele do rosto do homem é quase sempre agredida diariamente pelo barbeador, que remove a camada protetora oleosa e muitas células, mortas e vivas. Nessa situação, a massagem só pode complicar as coisas, e isso não é menos verdade em relação aos cremes após-barba.

Para refrescar a pele, após o emprego da lâmina ou do barbeador elétrico, convém aplicar:

Hamamélis com água de rosas

Prepara-se o chá de pétalas de rosas, adicionando-se algumas gotas de hamamélis.

Glicerina com água de rosas

Prepara-se o chá de pétalas de rosas, adicionando-se algumas gotas de glicerina (convém não esquecer que, a médio prazo, a glicerina resseca a pele).

Outras áreas

A exemplo das mulheres, os homens podem sofrer de problemas como manchas, espinhas, cravos, pele áspera, transpiração intensa e desagradável. As soluções encontram-se nas páginas deste livro, mas cabe acrescentar alguns conselhos:

1. O uso de cuecas de náilon, tão em voga, causa erupções na pele e manchas nas nádegas e cintura. Deve-se usar cuecas de algodão e fazer enxágües diários com:

Limão com rosas

Prepara-se a água de enxágüe com um pouco de suco de limão adicionado à água de rosas, depois de lavar com sabão de azeite de oliva toda a área afetada.

2. Falta de banhos freqüentes, insuficiência alimentar e roupas de fibras sintéticas causam o mau cheiro da transpiração, pois favorecem a proliferação das bactérias. Nos casos mais graves, convém tomar dois banhos diários, reforçar a dieta com hortaliças folhosas, beber muita água, usar camisas, cuecas e meias de fibras naturais e lavar as axilas com:

Vinagre de maçã

2 partes de vinagre
1 parte de água

Misture e faça uma lavagem diárias, para remover impurezas e combater as bactérias que causam a fermentação e o mau cheiro.

O mau hálito pode ter como causa certos alimentos e alguns tipos de bebidas alcoólicas. Além de manter os dentes sempre limpos, é necessário abastecer o organismo com clorofila aromática: de agrião, salsa, hortelã-pimenta, etc.

Contra o odor desagradável dos pés, a primeira providencia é usar calçados de couro e meias de algodão. A segunda é polvilhar o calçado com talco ou com uma mistura, em partes iguais, de greda e giz de alfaiate. A terceira, enxaguar todos os dias os pés numa solução de água e vinagre.

Em geral, cada área do corpo – e todo o organismo – se beneficiará muito com a adoção de uma dieta com baixo teor de gorduras e proteínas de origem animal. A recomendação aplica-se também às bebidas alcoólicas, que minam a resistência orgânica. E, para quem pensa que, quanto mais exercícios, melhor para o corpo, um último aviso: tudo depende do sistema cardiovascular, da idade e do estilo de vida. Não se rejuvenesce da noite para o dia com a mudança de hábitos, da mesma forma como nossa pele leva anos, décadas para envelhecer.

Leia da Editora Aquariana

O Livro do Chá
Francis Rhomer

O Livro do Chá conta a história do chá preto e do chá verde desde o século XVII à sua chegada ao Brasil.

Como complemento, fornece quase uma centena de fórmulas de chás simples ou compostos, aromáticos em sua grande maioria e sempre eficazes contra os males mais comuns que nos afetam.

O Livro do Destino
Prefácio de H. Kirchenhoffer

Diz-se que a obra original foi ditada por Hermes Trismegisto, o Três Vezes Maior dos Filósofos, sacerdotes e reis. É por causa dessa sua inspiração que as respostas assumem tanta relevância hoje em dia como devem ter assumido há milhares de anos.

O Livro do Destino é uma forma direta e absorvente de prever o futuro a partir de um antigo oráculo egípcio encontrado em um túmulo real, conservado e utilizado por Napoleão Bonaparte.

A Dieta dos Grupos Sangüíneos
Anita Heßmann-Kosaris

Este livro aborda um conhecimento alimentar-científico revolucionário: o de que nosso sangue decide se a alimentação será bem tolerada ou não pelo nosso corpo. Esta obra explica como funciona essa dieta, e também obter um corpo esbelto e o aumento da vitalidade e do bem-estar.

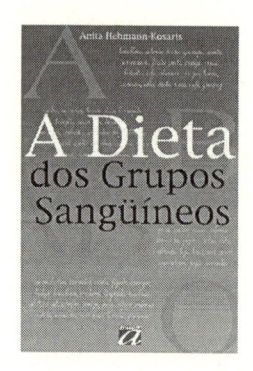

Guia Essencial para a Depressão
Associação Médica Americana

As características e sintomas da doença depressiva são explicados com detalhes, assim como as suas causas psicológicas, genéticas, emocionais e ambientais. Vem com um guia completo de prescrições médicas e explica minuciosamente o raio de ação das abordagens psicoterápicas e complementares.

Viver de luz
A fonte de alimento para o novo milênio
Jasmuheen

Este livro contém os detalhes da pesquisa e experiência de Jasmuheen no processo que revela uma forma de alimentação revolucionária para o novo milênio. Essa forma de viver, antes reservada aos santos e sábios, é agora uma possibilidade aberta a todos graças às informações apresentadas neste livro.

Os Embaixadores da Luz
Movimento por uma Sociedade Positiva e Consciente pela Paz Mundial
Jasmuheen

Jasmuheen apresenta nesta obra um novo programa de boa forma física, emocional, mental e espiritual que combina a sabedoria antiga com a ciência futurista, mostrando como o campo bioenergético pessoal, social e global podem ser programados para trazer saúde, felicidade paz e sucesso para todos.

O catálogo com a nossa linha editorial completa está à sua disposição.
Para recebê-lo por favor contacte-nos diretamente:

EDITORA AQUARIANA
Rua: Lacedemônia, 68 - Vila Alexandria
Tel.: (11) 5031-1500 / Fax: 5031-3462
aquariana@ground.com.br
www.ground.com.br

Impresso nas oficinas da
Gráfica Palas Athena